人生逆転!

はじめに
人生を攻略し、自由度の高い生活を手に入れる戦略のすべて

世の中には古くから、

「お金は汗水垂らして稼ぐものだ」
「安定した職業につくのが正義だ」
「やりたいことを見つけるのが大事だ」

という価値観があります。

しかし本書では、そのような価値観を真っ向から否定し、次のような価値観を提唱しています。

・必ずしも「汗水垂らして」稼ぐ必要はない。ただし、何をするにもお金は必要になる。まずは「経済的不安」をなくすべし

・「組織に属すること」で安定を得るのではなく、「自らのスキル」で安定を確保すべし

・「やりたいこと」が見つからないのは、「やれること」の幅が少ないから。お金や時間の制限を取り払って自由度を高めれば、自然と「やりたいこと」が見つかる

本書のタイトルは『人生攻略ロードマップ』。

お金・時間・人間関係など、人生のありとあらゆる制限や不安を取り除いた状態を「人生を攻略した状態」と定義し、その状態を手に入れる方法を具体的に解説していきます。

人生における「嫌なことをしなくて済む状態」をつくり上げるのは、ある分野で突出した結果を出すよりもはるかに簡単です。

正しい知識と正しい努力があれば、大きなリスクを抱えることなく、自由度の高い人生を手に入れることができるのです。

あなたが、さまざまなしがらみや悩みから解放され、自分の理想とする人生を手に入れるための第一歩を踏み出せるよう、本書には、具体的なノウハウや必要となる考え方をたっぷり盛り込みました。

さあ一緒に、人生攻略の道を歩いていきましょう。

▼「極めて一般的」な家庭に育った私がなぜ「年商10億円」の社長になったのか

私は今、4つの会社を経営しています。

事業内容は「教育事業」「飲食店・店舗経営事業」「物販・通販事業」「Webサービス運営事業」。合計売上は年間10億円を超える勢いで成長しています。

ただ、今でこそ事業規模も大きくなり、ある程度の金銭的自由を手に入れた私ですが、その過程はうまくいかないことの連続でした。

学生時代、「稼げる」と聞いて始めたブログでは、1年間必死で記事を書き続けても、最高月収はたったの293円止まり。月に100時間はブログを書いていましたから、時給換算すると3円を切る状況が続いていたということになります。

その私がなぜ、複数の事業を運営し、年商10億円を超えられるようになったのか。それはまさに「人生攻略ロードマップ」の通りに生きたからにほかなりません。


私の両親は典型的な「サラリーマン」と「主婦」です。父親は半導体系の会社に勤めており、毎朝7時に家を出て、夜は23時に帰ってくる、汗水垂らして稼ぐ会社員。父方の祖父母は農家とバスの運転手、母方の祖父母は銀行員と歯科の受付であり、私の家系の中に経営者は一人もいませんでした。

裕福でもなく、貧乏でもない、極めて一般的な家庭で育った私は、将来の仕事観・人生観についても、両親や学校の先生、そしてテレビや雑誌などが「こうあるべきだ」と唱える価値観をそのまま信じるようになりました。


「大都市の大企業で正社員として安定して働くのが正義である」

「必死で働いて年収1000万円を超えるのが大事だ」

「大人というのは、汗水垂らしながら必死でお金を稼がなければならない」

今の私を知る人は想像もつかないでしょうが、私は子どものころ、このような価値観を本当に、何の疑いもなく信じていたのです。

ところが中学生のころ、初めて「会社員以外の働き方をしている人」と触れる機会があり、その価値観は完全に破壊されたのでした。

▼「お金」と「時間」の両方を手に入れた人たちとの出会い

「初めての会社員以外の人との出会い」、そのきっかけは、中学生のときにハマったオンラインゲームの「オフ会」です。

ご存じの通り、オンラインゲームをはじめとするインターネット上のコミュニティでは、気の合う仲間同士がリアルの場で会い、親睦を深める「オフ会」が開催されることがあります。

私は中学生ながら、そのオンラインゲームで仲良くなった人同士のオフ会に参加させてもらったのでした。

そのオンラインゲームは、「戦国武将を育て、その武将を使ってライバルプレイヤーの陣地を攻め、敵を倒す」という内容のものです。

中学生の私はもちろん、お金を持っていませんから、無課金で楽しんでいました。しかしゲームの中で私は、「謎のプレイヤー」に出会います。

その「謎のプレイヤー」は、「大量に課金をしていて、かつ、私がいつゲームにログインしても、常にゲームの中にいる暇人」。私が見る限り、その人は少なくとも月に100万円以上は課金していましたし、一日18時間はゲームをプレイしていたと思います。

私は、「謎のプレイヤー」が果たしてどのような職業の人なのか、強い興味を持ちました。

そして、オフ会に参加すれば、「謎のプレイヤー」のような、今までの人生では触れたことのない世界に生きている人とたくさん出会えるかもしれないと考えたのです。

オフ会の場では盛り上がるにつれ、ゲームの話だけでなく、自身のプライベートな話も出てきます。私が中学生であることも大きかったのでしょう。参加している大人たちは、私に日々の仕事のことをざっくばらんに話してくれました。

知り合った一人は、大企業に正社員として勤め、年収1000万円を超えている、まさに私が「将来、こうあるべきだ」と信じている人生を歩んでいました。

しかし彼の話を聞くと、「……あれ？　こんな人生って幸せなのかな……？」と疑問に感じることが多くありました。

彼は確かに、大企業に正社員として勤め、年収は1000万円を超えていましたが、どんな人生なのか話を聞いてみると、

・毎朝、満員電車に揉まれ、体力と気力を削がれながらなんとか出社

・仕事は朝9時から、遅いときには夜24時まで

・土日も仕事の電話に対応することが多い

・せっかくの休みの日も、平日の疲れから、ひたすら寝るばかりで終わる

・給料は高いが、使う暇がない

・オフ会の常連だから参加しているが、大好きなオンラインゲームも最近はあまり遊べ

ていない

とのことでした。

いわば、ひたすら「仕事に追われる日々」を送っていたのです。

一方、服装からはとても「立派な社会人」とは思えない人もオフ会に参加していました。

話しかけてみると、なんと月に100万円以上課金している、あの「謎のプレイヤー」でした。職業は、とあるＩＴ企業の社長であるといいます。

彼の仕事について詳しく聞くと、

・サイト制作やサービス開発を行う会社を経営している

・従業員は20人ほど

・今は、その社長自身はほとんど働いていない。なぜならば、営業の人が仕事をとってきて、エンジニアが開発をし、経理の人がお金の管理をして……と、自分がいなくて

も仕事が回る仕組みを持っているから

という話でした。

ちなみに、今も彼とはFacebookでつながっているのですが、大好きな釣りに没頭したり、趣味でキャビア専門店を出したりと、相変わらずぶっ飛んだ生活を送っています。

「普通の会社員」の働き方しか知らない私にとって、彼の働き方は大きな衝撃でした。未知の世界を目の当たりにした、不思議な感覚を抱きました。

そのオフ会にはほかにも、「未知の世界の住人」がたくさん参加していました。フリーランスでサイト制作の仕事を請け負いながら、携帯向けの音楽配信サイトを運営している人の働き方も、私に驚きをもたらしました。

・基本的にはリモートワーク。好きな場所で好きな時間に働いてよい。それでも年収1000万円超

・自分が提供したサービスが継続的な収入を生んでいる
・たまに企業から仕事を受注して、それをこなしている
・家族との時間をたっぷり過ごしながら、趣味も充実している

「こんなに自由な働き方があるのか！」と、私は衝撃を受けました。

「大企業の正社員」と「自営業で結果を出している人や、経営者」。収入面では、どちらも成功している部類に入るでしょう。その上で、一般的には前者のほうが、「安定した生活を手に入れていて、よりよい」と思われがちです。

しかし、生まれて初めて「会社員以外の働き方をしている人」に触れた後、私が目指したいと思ったのは、自分の力でお金を稼いでいる自営業者や経営者のほうでした。

圧倒的な「精神的余裕」を感じたからです。

仕事とプライベートのバランスを保ちながら、金銭的に不自由することもなく、時間的にも場所的にも、職場の無用な人間関係にも縛られることなく生活している——。

たかがオンラインゲームのオフ会でしたが、自由度の高い人生を手に入れている人を目の当たりにして、私の人生の理想像は変わりました。
そして、今までの固定観念を取り払うことを決意したのです。

▼20代前半で「自由度の高い人生」を手に入れた生き方を公開！

それ以来、私は、**「人生においてあらゆる自由度を最大化する」**をテーマに生きるようになりました。

私が思い描いた、あらゆる自由度が最大化された「人生攻略」の状態は、次の4つを満たした状態です。

- **・お金の心配を一切しなくていい（金銭的な自由）**
- **・時間的な余裕がある（時間的な自由）**
- **・嫌だと思うことを一切しなくていい（精神的な自由）**
- **・心身ともに健康である（身体的な自由）**

そして大学生になった私は、この「自由度の高い人生」を追い求めてスキルアップや試行錯誤を重ね、現在、20代前半にしてこの状態に到達することができています。

本書では、私が最速で「自由度の高い人生」を手に入れた手順を**「人生攻略ロードマップ」**と名付け、次の10ステップに分けて解説していきます。

ステップ1　自分の「必要収入」を洗い出す
ステップ2　「ゼロイチ」で稼ぐ経験を積む
ステップ3　「ベーススキル」を高める
ステップ4　獲得したベーススキルを「収益化」する
ステップ5　SNSで「ライトな発信」をする
ステップ6　ブログやYouTubeで「ヘビーな発信」をする
ステップ7　一部作業を「外注化」して仕事量を減らす
ステップ8　自分の仕事をゼロにして事業を「自動化」する
ステップ9　事業を「分散」する
ステップ10　余剰資金を「資産運用」する

人生攻略ロードマップの10ステップ

「ステップが10個もあるの!?　多すぎるよ!」と思う人もいるかもしれませんが、お許しください。**誰もが再現可能なように、ステップを細かく分けた**ため、10という数になってしまいました。

10ステップからなる「人生攻略ロードマップ」。このステップに沿って実行していけば、周囲の人よりも圧倒的に自由度の高い人生を手に入れることができます。

「それぞれのステップも、なんだか難しそう……」と感じた人も、ご安心ください。ひとつひとつのステップについて、実例や具体的なメソッドを交えながら、丁寧に解説していきます。

ただし私自身、「自由度の高い人生」を手に入れるのに6年かかっており、「誰でも努力なしで簡単に達成できる」とはいえません。

それでも、正しい知識を持ち、正しい努力を続ければ、人生は確実によくなると断言できます。

まずはだまされたと思って、ページをめくってみてください。
本書を読み終えるころには、「人生の攻略」への道筋が、はっきりと見えているはずです。

2020年7月

迫佑樹

［目次］

第2章
人生攻略ロードマップ

第3章 モチベーションを高め、「お金持ちループ」に入る

第1章

人生攻略にあたって、持つべき5つの価値観

人生攻略のステップを知る前に必要な「価値観のアップデート」について

▼今までの一般的な価値観を破壊する

人生攻略の具体的なステップに入る前に、私が普段、どのような思考をし、どのような価値観のもとに行動しているかを記します。

「そんな御託はいいから、早く人生攻略ロードマップを教えてくれ」と感じる人もいるでしょう。しかし、これまでに染みついた一般的な価値観を持ち続けたまま人生攻略ロードマップを歩んでも、あまり効果がありません。

サラリーマンの子どもはサラリーマンに、教師の子どもは教師になりやすいものです。親の価値観はそれだけ、子どもの価値観に絶大な影響を与えます。私自身、もしも中学生のころに経営者に出会い、価値観が破壊されていなければ、今ごろは一般的な会社員として働いていたことでしょう。

人生攻略ロードマップを歩むには「価値観のアップデート」が必要なのです。

私が大切にしている価値観の中で、重要なものは次の5つです。

価値観1 「金銭的に豊かになる」とは、「投資→回収を高速で回す」と同義である

価値観2 自己投資が最もコスパのよい投資である

価値観3 セーフティネットを用意しながら攻めるべし

価値観4 勝ち方を知った上で勝てる戦いを繰り返す

価値観5 やりたいことよりも、まずはやれることを増やすべし

それでは、ひとつひとつ見ていきましょう。

価値観1 「金銭的に豊かになる」とは、「投資→回収を高速で回す」と同義である

▼お金を有効に使えているか

「金銭的に豊かになる」とは、「お金を有効に使うプロになる」ということです。

たとえば、AさんとBさんがそれぞれ500万円持っていたとしましょう。

Aさんは500万円を使い、毎年300万円の利益を出すお店をつくりました。10年後、お店から得た利益の合計は3000万円になりました。

一方のBさんは、500万円で車を買いました。しかし車を乗り回しているだけではお金を生みませんから、10年たっても豊かになっていません。

Aさんも Bさんも、スタートは同じ「所持金500万円」です。

しかし、そのお金の使い方によって、10年後のAさんとBさんの経済的豊かさは天と地ほどの差になりました。

このように、経済的に豊かになるか否かは、「どのようにお金を使うか」によって大きく変わっていくのです。

手持ちの資金をどこに投じるか。つまり「投資」がうまい人が生き残っていくのが資本主義の世界です。

「投資」と聞くと、株式投資などを想像する人も多いでしょう。しかし、投資を「手持ちの資金を投じ、さらに大きなリターンを得る行為」と定義した場合、投資にもさまざまな種類があることがわかります。

- **新しい知識や経験を得るためにお金を使う……自己投資・知識投資**
- **新しい事業を始めたり、人を雇ったりするのにお金を使う……事業投資**
- **伸びそうだと思う会社の株を買う……株式投資**

・需要が高まりそうな土地や家を買う……不動産投資

このように、投資を「知識・経験・事業などを含めたお金を使うすべての対象の中で回収が早く、大きなリターンが見込めそうなものにお金を投じていく行為」ととらえることが大切です。

あとは「投資→回収」のサイクルを高速で繰り返していくだけで、少しずつ、経済的に豊かになっていきます。

▼「9万円の投資」が回り回って「年商10億円」に

今でこそ年間売上10億円規模の会社を経営している私ですが、大学入学直後は普通にアルバイトをしていました。

「普通のアルバイト」から「年商10億円の事業を運営する」に至るまで、やったことはただひとつ。ひたすら「投資→回収」のサイクルを回し続けただけです。

私がどんなふうに「投資→回収」のサイクルを回していったか。箇条書きにすれば、次の通りです。

大学1年生のとき、時給1000円のアルバイトと奨学金でお金を貯める

←

投資① 貯金の中から9万円を使ってプログラミングスクールにいき、Webサイト制作やWebサービスの開発に必要なプログラミングスキルを学ぶ

←

回収① プログラミングスキルを活かしたアルバイトを探し、時給が1500円になる（ここでアルバイトとして年間約70万円を稼ぐ）

←

投資② 時給が高い状態で働き、再度お金を貯めて、iPhoneのアプリ開発を学べるプログラミングスクールにいく

←

回収② そこで学んだことを活かし、自分でiPhoneアプリ開発の案件を受注

投資③　案件受注で稼いだお金で、機械学習やデータ分析などを学べるプログラミングスクールにいく

↓

回収③　そこで学んだ知識を使って、チャットシステムを開発する仕事をとる。仕事の単価は145万円まで高くなる（ここで年間売上300万円突破）

↓

投資④　ブログを使った情報発信スキルを学ぶため、プログラミングで稼いだお金を使ってブログコミュニティに入ったり、コンサルティングを受けたりする

↓

回収④　指導を受けたことで1年間継続して月に293円しか稼げなかったブログが軌道に乗り、ブログからの収入だけで月100万円を超えるようになる

↓

投資⑤　ブログとプログラミングばかりで太ったので、40万円を払ってライザップにいく

↓

回収⑤　ライザップやダイエットに関するブログを立ち上げ、2つのブログから合計月

150万円の収入が見込める状態をつくる

←

投資⑥ 貯金の中から200万円を使ってさまざまなマーケティングやセールスを学ぶための講座を受講したり、教材を購入

←

回収⑥ そこで学んだマーケティングやセールスの知識を使って、プログラミングのオンライン講座の販売で月に700万円の売上を得る（ここで年間売上3700万円突破）

←

投資⑦ 参加費用が100万円以上する経営者向けのコンサルティングを受ける

←

回収⑦ 教育事業を行う会社をつくり、プログラミングだけではなく動画編集やデザインなどのITスキルを教える事業を展開して、月に3000万円以上の売上を得る

←

投資⑧ 稼いだお金をスタッフの人件費に使い、新しいメディアの制作や、広告費にも

お金を投じる
↓
回収⑧　新しいメディアの制作や広告によって新規のお客さまが増え、さらに売上がアップ（ここで年間売上１・５億円突破）
↓
投資⑨　教育事業を行う会社で得た利益を、タピオカ屋さんや美容室の立ち上げなど、初期費用がかかる新規事業の参入に投資する
↓
回収⑨　店舗系の事業からも利益が出るようになり、収入源が増えて安定する
↓
投資⑩　物販事業や通販事業、Ｗｅｂサービスのシステム開発など、少しお金がかかる事業の立ち上げにどんどん投資をしていく
↓
回収⑩　失敗する事業もありながらも、売上規模・安定感ともに増し、成長を続ける（ここで年間売上10億円突破）

最初の種銭は、アルバイトの収入と奨学金です。それらで得た30万円の中から9万円を、私はプログラミングスクールに使いました。ここから「投資→回収」の流れが始まりました。

「最初の9万円のプログラミングスクールへの投資」が、回り回って、今や「年商10億円」。やったことは「投資→回収」のループを回しただけです。もちろん、ここで「投資→回収」のループを止めたら、「普通の人」になってしまいます。さらに新たな投資をし、それをまた回収する。その歩みを止めるつもりはありません。

また、振り返ってみると、はじめのうちは「学びにお金を使って回収する」を繰り返していただけだと気づきます。

裏を返せば、「ひたすら学びまくり、徐々に稼げる額を増やし、稼いだお金を自己投資や事業投資にフルベットして回せば、確実に結果が出る」ことの証明でもあります。

もちろん、あなたにもできます。さっそく今日から、小さな投資を始めてみましょう。

「自己投資や事業投資を行った上で、その投資を収益化して回収する」というプロセスをひとたび経験すれば、自分が成長するのも、お金を増やすのも簡単だとわかります。

投資する
↓
その投資を回収する
↓
増えたお金を再投資する
↓
再投資を再回収する
↓
再々投資する
↓
再々回収する
↓
（以下、永遠に繰り返し）

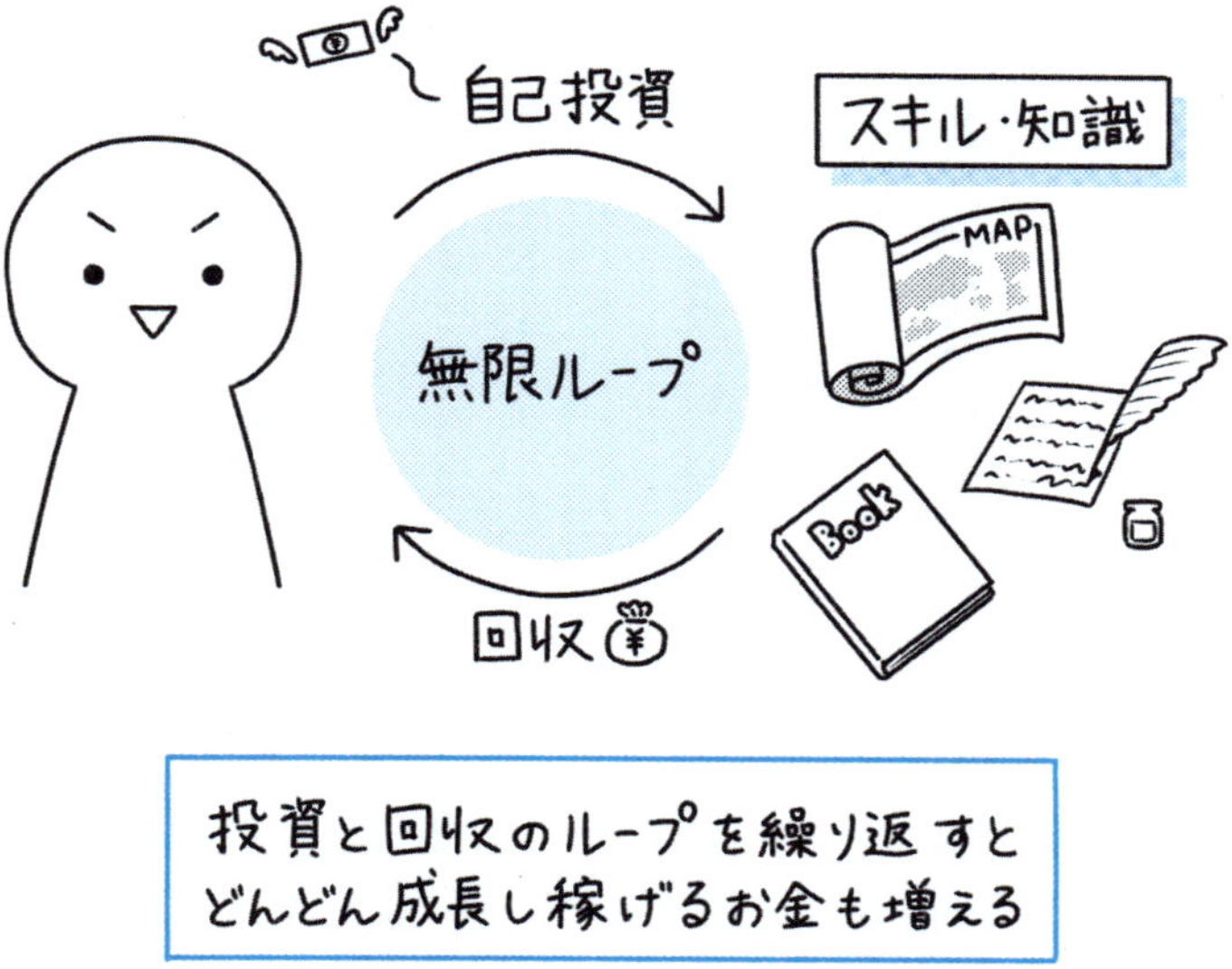

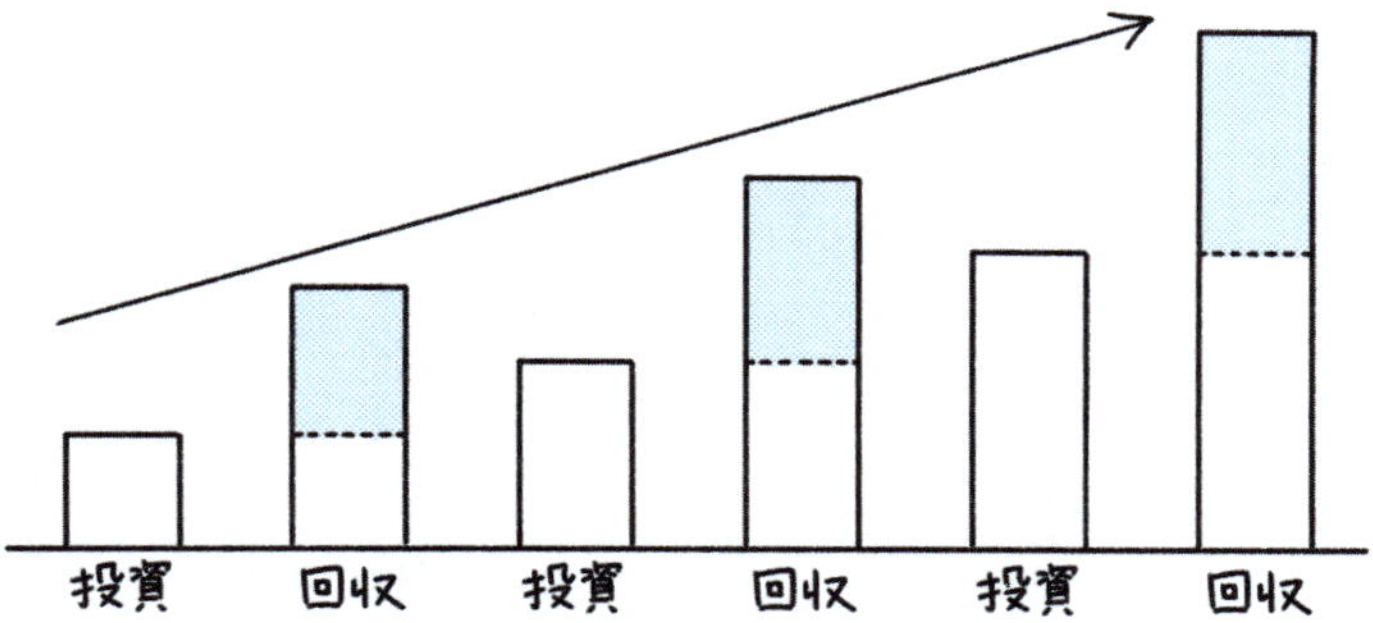

「投資→回収」を繰り返すことで金銭的に豊かになれる

たったこれだけです。ループをひたすら繰り返すだけで、あなたは成長し、それとともに稼げるお金もどんどん増えていきます。

なかでも「投資→回収のサイクルが速い人」と「少額の投資で多くの回収をする人」がどんどん結果を出していき、逆に「投資したのに回収しない人」や「投資額に見合った回収ができない人」が、「頑張っているのに結果が出ない。なんだよ」と挫折していくことになります。

▼「預金残高が多い」は決してよいことではない

多くの人は「真面目にコツコツ貯金する」ことを是と考えていることでしょう。

しかし私は、「預金残高が多い」ことを「よいこと」だとは思いません。

私が考える「経済的に豊かになる方法」は、「投資→回収」のサイクルを高速で回し続けることでした。

そのルールに照らし合わせると、「預金残高が多い」ことは、「投資→回収のサイクルが止まっている」といえるのです。

もちろん、「収入が高いため、どうしても使いきれずに貯まってしまう」「目標があって貯金している」「有事に備えて貯金している」など、預金残高が多い状態にも人それぞれ、さまざまな背景があることでしょう。

ただ、必要以上に現金を貯め込み、「適切に投資していけばお金を増やすことができるにもかかわらず、その投資をせずに現金のまま置いておく」のは、好ましいことではありません。

投資→回収を繰り返すのが、お金持ちになる唯一の道です。どうしたらうまくお金を使えるか、常に思考を巡らせることが大切です。

また、お金を使うことを極度に嫌がる人がいます。

しかしお金は「物や知識や経験に変えるための商品券」のようなものです。商品券ばかり貯め込んでいても意味がないでしょう。適切に「お金」という資源を活用していくことが大切です。

「預金残高が貯まっている状態」とは「お金を有効に活用できていない状態」でもあるのです。

価値観2 自己投資が最もコスパのよい投資である

▼「自己投資」の効率のよさは驚異的

前項で、投資にはさまざまな種類があることをお伝えしました。
さまざまな投資を「コストパフォーマンスのよい順」に並べると、

体験や知識を得るための自己投資や知識投資 ＞ 外注費や広告費、新規事業立ち上げなどの事業投資 ＞ 不動産投資や株式投資

となります。

「投資」という言葉からパッと連想しがちな不動産投資や株式投資で増やせるお金は、年間5％ほど。もし年間10％も増やすことができたなら、かなり運用が上手な投資家といえます。

仮に年間5％で運用したとすると、1億円持っていても、1年間でたった500万円しか増えません。1000万円ならば50万円です。

しかし、これが事業だったらどうでしょうか。

事業投資であれば、1000万円を元手に、1年間で1000万円を稼ぐのも現実的な目標となります。現に私が2020年1月、滋賀県にオープンしたタピオカ屋さんは、初期投資に600万円ほどかかりましたが、初月の利益は150万円を超えました。月利に換算すると25％を超えています。年利では300％という数字になります。

さらにコストパフォーマンスが高いのが自己投資です。

たとえば1000円の本を読み、その本に書いてあったメソッドを活用して毎月1

万円ずつ稼げるようになったとしましょう。すると月利は1000％です。

自己投資として知識や体験にお金をつぎ込むことは、ほかのどんな投資よりもコストパフォーマンスがよいのです。

私の自己投資は、9万円を使ってプログラミングスクールにいったことがスタートです。そこからプログラミング系のアルバイトを見つけ、年間70万円の収入を得るに至りました。

つまりは年利に換算すると、「70万円÷9万円＝777％」。驚異的な利回りです。

資金を効率的に回転させることを考えたら、不動産投資や株式投資をするより、自己投資や事業投資をしたほうがよっぽどよいのです。

これに気づいた私は、プログラミングスクールやブログコミュニティ、マーケティング講座や教材など、知識への投資を繰り返しました。

前項でご紹介した、私自身の「投資→回収」のサイクルでも、**「投資⑦ 参加費用が100万円以上する経営者向けのコンサルティングを受ける」**までは、ひたすら自己投資にお金を回し続けています。そして**「投資⑧　稼いだお金をスタッフの人件費に使い、新しいメディアの制作や、広告費にもお金を投じる」**からは事業投資にお金をフルベットしています。

「早く、かつ大きな回収が見込める場所にお金を投じ続けていく」ことを大前提に動いていくと、必然的に自己投資や事業投資に回す額が増えていきます。

ちなみに、年商10億円を超えた今でも、自己投資は一切やめていません。

私が経営する会社の経費の一部をお見せします。

「研修費」はスクールや教材費やコンサルティング料金など。半年で1000万円以上使っています。

「新聞図書費」は本や電子書籍に使っている金額。こちらも半年に265万円使っています。

そのほか、事業投資として、「広告宣伝費」と「外注費」にも合計1億5000万円近く使っています。

年間に換算すると、自己投資だけで2000万円以上、事業投資に3億円近く使っ

株式会社スキルハックス
2019年10月01日～2020年03月31日　【税込】（単位：　円）

勘定科目	2019-10	2019-11	2019-12	2020-01	2020-02	2020-03	期間累計
研修費	2,507,630	1,238,250	2,685,150	562,160	286,510	3,077,182	10,356,882
取材費	47,943	33,302	126,530	46,225	16,812	20,387	291,199
役員報酬	1,100,000	1,100,000	116,000	25,124,000	116,000	116,000	27,672,000
給料手当	62,400	52,800	43,200	559,154	30,600	0	748,154
法定福利費	92,800	92,800	93,220	943,470	93,220	229,060	1,544,570
福利厚生費	0	0	0	10,200	0	0	10,200
外注費	10,728,256	11,479,349	9,130,120	18,223,148	42,598,637	34,931,162	127,090,672
荷造運賃	0	0	0	0	75,735	36,135	111,870
広告宣伝費	1,507,215	2,248,366	3,551,480	3,594,250	5,310,801	6,459,186	22,671,298
交際費	346,209	511,954	692,765	1,239,437	442,110	1,291,573	4,524,048
会議費	6,750	6,633	10,530	2,677	6,487	43,225	76,302
旅費交通費	246,093	261,205	592,659	990,639	602,424	1,256,586	3,949,606
通信費	192,988	261,245	235,472	502,311	865,955	1,461,780	3,519,751
販売手数料	251,688	252,032	630,111	509,477	395,842	423,300	2,462,450
消耗品費	128,720	28,033	40,543	229,926	429,947	404,345	1,261,514
修繕費	0	418	418	418	60,863	418	62,535
水道光熱費	121,760	127,191	153,842	186,972	189,762	167,164	946,691
新聞図書費	290,652	499,498	101,143	634,026	903,706	226,531	2,655,556
諸会費	0	34,600	500	500	4,768	8,750	49,118

知識への投資：半年間の研修費と新聞図書費だけで合計1300万円
事業への投資：半年間の広告宣伝費と外注費だけで合計1億5000万円
私の会社の半年分の経費一覧。知識投資に1200万円以上、
事業投資に1億5000万円近く使っていることがわかる

ていることがわかります。

私はそれだけ、自己投資と事業投資を大事にしているのです。

▼自己投資とは、時間をお金で買う行為ともいえる

また、自己投資は「時間をお金で買う行為」でもあります。

私が23歳という若さで、完全にゼロから、準備期間を含めて6年間で年商10億円超えの会社をつくったことに、多くの人は驚きます。

しかし私としては、不思議でも何でもありません。自己投資によって多く

の時間をお金で買ってきましたから、ほかの人より早く結果が出るのは当たり前のことなのです。

たとえば、独学でプログラミングを学び、仕事をとれるレベルまでスキルを高めるためには、約1000時間の勉強が必要だと言われています。

しかし言ってしまえば、この1000時間のうち半分以上は「エラーと格闘している時間」です。しかも勉強を始めてすぐのうちは、「わかる人」が見たら1分で解決できるエラーに何時間も足止めを食らうことも少なくありません。

こんなに無駄な時間の使い方はあるでしょうか。

私が当時通っていたプログラミングスクールの授業料は9万円。確かに金額だけ見ると高いかもしれません。

ただ冷静に考えてみると**「時間の節約」という面でも、「1000時間かけて独学する」より、「9万円を払って半分の500時間で勉強し、余った時間で稼ぐ」ほうが圧倒的に効率がよいです。**

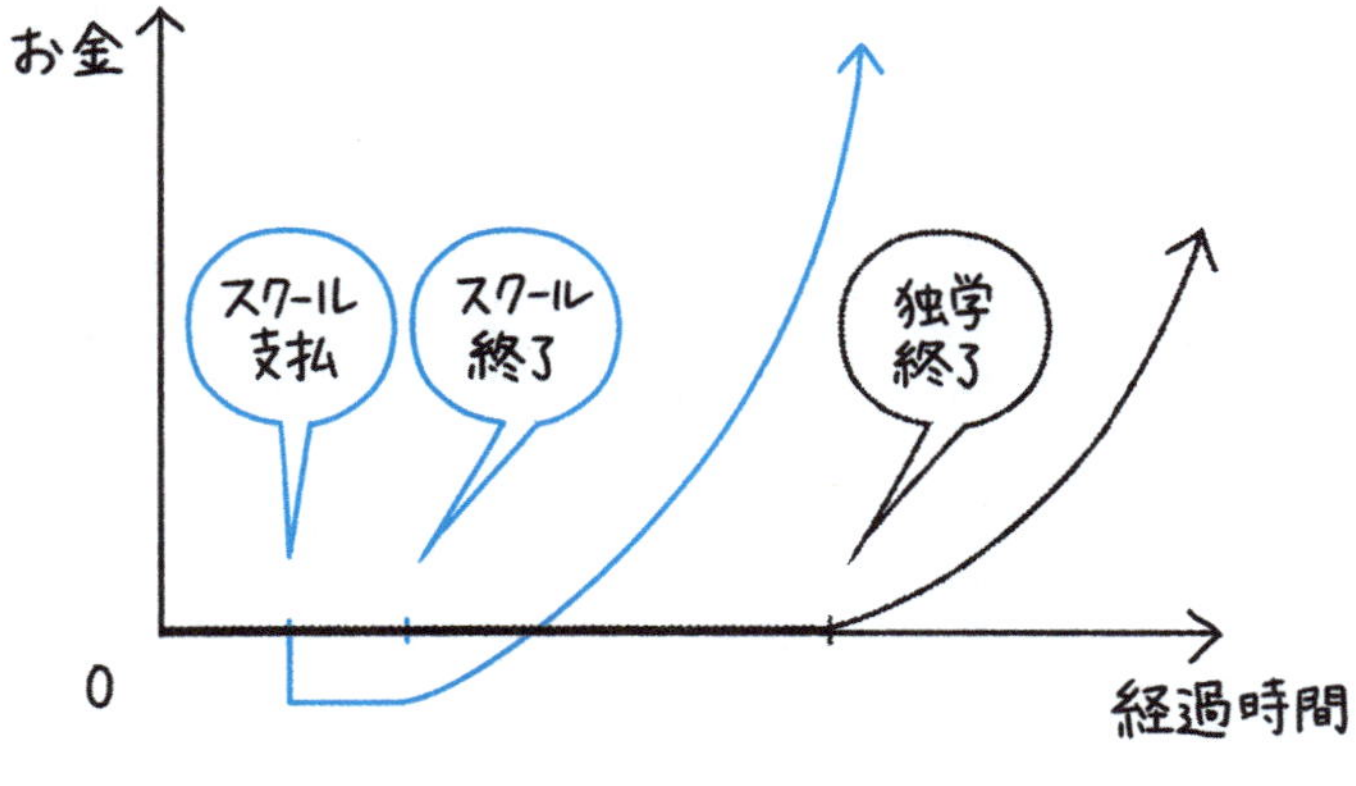

勉強に投資するほうが効率的

「1000時間かけて独学する」より、「9万円を払って半分の500時間で勉強し、余った時間で稼ぐ」ほうが効率的独学で1000時間かかる勉強時間を、プログラミングスクールに通うことで500時間に短縮できれば、残りの500時間を実践に使えます。

そして500時間もあれば、スクール代くらいは余裕で稼げるのです。

仮に、はじめのうちは要領が悪く、自分でとった案件で時給1000円ほどにしかならなかったとしましょう。それでも、500時間あれば50万円になります。

そして現実には、仕事をすればするほど実践経験を積めるため、スキルも単価も上がっていきます。

「9万円をケチって、50万円以上稼ぐ機会を失う」か、「9万円を先行投資し、さっさとスキルを身につけて最低50万円以上稼ぐ機会を得る」か。簡単な選択でしょう。

このように、「目先の金額」での損得ではなく、それによって得られるリターンまで考慮した上での損得を考えることが大切です。**勉強に使うお金は惜しむべきではありません。**

▼無知の恐怖。知識がないと、「損をしていること」にすら気づかない

私は年間2000万円以上も知識や経験への自己投資をしています。その理由は、「無知がゆえに損をするのは絶対に嫌」だからです。

無知は恐ろしいものです。知識がないと「損をする」どころか、「損をしていること」にすら気づかないということも普通に起こり得ます。

大学生のころ、私はパソコン室で研究レポートをつくっていました。

すると隣にいた友人が、私のパソコン画面を見るなり、「えっ!? 今、何をしたの？」と聞いてきます。

私はデータ収集作業が面倒くさくて嫌いなので、取れたデータをさっとエクセルにまとめ、グラフ化までしてくれるプログラムを自作して使っていました。

一方の友人はというと、取れたデータをいちいち手入力していたのです。

友人が1時間以上かけてつくったグラフも、私がやれば1秒とかからずつくれます。生産性は実に3600倍。画面を見て驚くのは無理もありません。

自分でも気づいていないところで、知らず知らずのうちに損をしている。このような場面は、日常生活でも結構あるのではないでしょうか。

▼「損をしていることに気づかない」のがいちばん怖い

私の友人は、たまたま私の隣にいたことで、「プログラムを使うとこんなにも効率的にできる作業を、自分は手作業でやっていた」と気づくことができました。

しかし、一般的には気づかないことのほうが多いのです。

なぜか。今回の例になぞらえれば、「手作業でやるのが当たり前で、それ以外の手段を考えることがなかったから」です。

友人にとっては、たとえどんなに面倒くさくても、時間をかけて手入力でデータをまとめてグラフにするのが「当たり前の常識」であり、「楽をする」という発想はなかったのです。

もしも、自分の横で楽をしている私の姿を見なければ、友人は何の疑問も持たず、引き続き時間をかけて手作業でまとめていたことでしょう。

知識があれば一瞬で終わることも、知識がないことで
お金や時間を浪費し続けてしまうことがある

「もっといい方法がある」という知識がないせいで、お金や時間を浪費してしまい、しかもその事実に気づかないために、いつまでも損をし続ける。そのようなことが、現実にはいくらでもあるのです。

たまに「勉強なんてしなくていい」という人がいますが、それは大嘘です。

・「数学なんて勉強する必要はない」と言う人は、ただ単に、数学を使った人生を歩む選択肢を失っただけ

・「プログラミングは難しいからやらない」と言う人は、ただ単に、プログラミングスキルを活かす人生を歩む選択肢を

失っただけ

私はこう考えます。

人生の選択肢が狭まるのもまた、ひとつの「損」です。

「損をしているのに気づかない」という状態にならないよう、勉強をするべきなのです。

私も日々、自分の「無知」に気づき愕然としながら、必死に勉強を積み重ねています。

価値観3 セーフティネットを用意しながら攻めるべし

▼「臆病さ」が「安定」を生む

稼いだお金を自己投資や新規事業への投資にガンガン回し、事業規模を拡大してきた私ですが、実はなかなかに臆病です。

臆病だからこそ、さまざまな事業に売上を分散したり、常に新しいことを学びながら、自分が時代に取り残されないように工夫したりしているのです。

また、臆病な私は、「常にセーフティネットをつくりながら動く」ことを意識しています。

スキルや複数の収入源があれば、
将来の不安を限りなくゼロに近い状態にすることができる

人間、生きていると、どうしても何かしらの不安を抱えるものです。

「将来、働けなくなったらどうしよう……」

「お金がないと老後に困るかな……」

「将来に向けて貯金をしなきゃ……」

「自由度の高い人生を手に入れた」と偉そうに語る私だって、このような不安がゼロというわけではありません。

ただ、不安を「限りなくゼロに近い状態」にコントロールすることはできています。

起こりうるトラブルを想定し、その

トラブルの対処法を複数用意する。これによって不安のほとんどはコントロールできるようになります。

▼人生に「保険」をかける

私は大学4年生のとき、卒業まであと半年というタイミングで大学を中退しています。

大学卒業に必要な単位は取り終わっていたのですが、「いち早く事業に専念する環境をつくりたい」「あと半年間も大学に通うなんて、学費と時間がもったいない」という理由から、中退という選択をしました。

その際には「大学を中退して会社をつくるなんて、リスクが高すぎる！」と、たくさんの人に忠告をいただきました。

しかし実際のところ、私の「中退して会社をつくる」という行動の裏には、何重にも保険がかけられていたのです。

私は学生時代からプログラマとして働きながら、プログラミングに関するブログを執筆したり、ほかにもダイエットメディアなどのサイトを複数つくったりして、個人でお金を稼いでいました。

大学を中退してまでやりたかったのは、スキルアップを支援する大人向けのオンライン教育事業です。

もちろんリスクはあります。しかし対応策をあらかじめ用意しておけば、リスクを恐れすぎることもなくなります。

リスク：オンライン教育事業がうまくいかず失敗する
対応策：ブログからの収益があるので、とりあえず食べていくことはできる

このように「もし失敗しても、別の収入源があるから生活に困窮することはない」という状態をつくった上で、私は大学を中退したのです。

さらに、ブログも何らかの理由で読まれなくなり、収益が減ったとしましょう。

リスク：ブログが読まれなくなり、ブログ収益では食べていけなくなる
対応策：エンジニアとして受託開発の案件を受ければ食べていける

私は大学生のころからエンジニアとして受託開発の案件を受けていました。そのため、万が一、自分の事業がうまくいかず、加えて収入源のひとつであるブログで稼げなくなったとしても、「エンジニアとして受託開発をすれば食いつなぐことはできる」という保険が私にはありました。

そしてさらに、「こんな若いエンジニアに仕事は振れない」と、自分で仕事をとることが難しくなったとしましょう。

リスク：エンジニアとして受託開発の仕事をとれなくなった
対応策：現在、エンジニアは人手不足のため、就職して食べていくのは難しくない

と、自分で案件がとれなくなったとしても、最悪、就職すれば問題ないというプランまで立てていました。

不安を限りなく0《ゼロ》に近い状態にしてくれるのがスキル
うまくいかなかったときの対応策を用意しておくことで
人生に保険をかけることができる

このように私は、「プログラミング」というスキルをひとつ持ち、それを収益化する術《すべ》を知っているだけで、

オンライン教育事業を展開する

←

うまくいかなかったら……？

←

ブログからの収益で食べていけばいい

←

うまくいかなかったら……？

←

エンジニアとして受託開発の案件を受ければいい

←

うまくいかなかったら……?
↓
就職するのもエンジニアなら難しくない

と、人生に「保険」をかけまくることができているのです。

「これがダメでも、別のことをやればいい」。このようなプランを複数持っていることが、人生におけるセーフティネットになっています。

今、タピオカ屋さんや美容室の経営、物販事業などさまざまな分野に手を出しているのも同じ理由で、なるべく多くの収益源を持つことにより、「安定しながらも自由度が高い」という状況をつくるためです。

人生に「保険」をかけることで、「一時的な自由」ではなく「自由と安定の両方を享受している状態」を手に入れることができます。

▼セーフティネット構築において、最も有効なのがスキルを身につけること

多くの人は、将来の不安を解消するために「たくさん貯金をしよう」「たくさん資格を取ろう」と考えます。

しかし、私はその行動については懐疑的です。

貯蓄額がいくら増えても、将来食えなくなる不安は拭えません。そして資格を取ったとしても、資格があるだけでは稼げません。

私がおすすめしたいのが、「需要の高いスキルをひとつ身につける」ことです。

私の場合は、大学時代にプログラミングというスキルを身につけていたことにより、会社をつくって失敗したとしても食いっぱぐれのない状態をつくることができました。

ほかにも、動画編集やデザイン、アニメーション動画の作成など、需要が至るところに存在し、市場価値の高いスキルはたくさんあります。

おすすめのスキルについては第2章でお話ししていきます。ここでは、

・需要のあるスキルを身につけることで、人生の保険をつくることができる
・保険があると、新しいことにチャレンジするリスクを下げることができる
・新しいことに挑戦し続けると、結果的に収入源が増えていく。そのため、「安定しながらも自由度が高い」という「人生を攻略した状態」をつくることができる

ということだけ、頭に入れておいてください。

価値観4 勝ち方を知った上で勝てる戦いを繰り返す

▼できる経営者は「リスク」をとらない

敏腕経営者というと、「リスクをとりまくってガンガン成長していく」イメージがあるかもしれませんが、現実は違います。

うまくいっている経営者ほど、大きなリスクをとらず、勝てる戦いを繰り返しているのです。

私はプログラミングを学ぼうと決意したとき、「プログラミングスキルを持っている人は市場価値が高いので、アルバイトをするにしても、ほかのアルバイトをするよりも

時給が高くなることは間違いない」と知った上でプログラミングを学び始めました。そして、プログラミングスクールにお金を払ったとしても余りあるリターンがあることを確信し、プログラミングの学習をしたわけです。

実際、周りの友だちが時給1000円でアルバイトをしている中、私はプログラマとして時給1500~3000円でアルバイトをしていました。

これは、「プログラミングの知識を身につければ絶対に周りの学生よりも優位に立てる」ということを確信した上で、勝てる戦いを挑んだ例です。

オンラインスクール事業を立ち上げる際も「私だったら、競合他社が10万~20万円を取って教えている内容を、7万円で教えて、受講生をより満足させることができる」という確信を持って参入していきました。

美容室を開業したときも、「一般的な髪を切る美容室はたくさんあるが、高齢者向けの白髪染めに特化した美容室はまだない。その分野で出店すれば、勝てるに違いない」という考えで白髪染め専門の美容室をオープンし、軌道に乗せています。

タピオカ屋さんを開業したときも「東京ではタピオカが流行っていて多くの店がで

きているが、地方ではまだタピオカ屋さんが全然ない。ＳＮＳの運用なども、地方は遅れている。これならば差別化ができる」と考え、勝ちを確信して出店しました。

いろいろ挑戦しているように見えて、私は、勝率が80～90％以上あることにチャレンジしているのです。

先ほどもお伝えしたように、金銭的に豊かになるには、「投資→回収」のサイクルを高速で回していく必要があります。

しかし「投資したけど回収できなかった」という事態になれば、計画の進行が大幅に遅れてしまいます。

そうならないためにも、「勝率の高いほうを常に選択し、リスクを抑えて規模を拡大していく」のが大事な戦略になります。

▼勉強すれば、勝ち方がわかる

実は今、格好の「勉強のしどき」です。

文化庁が2019年に発表した「国語に関する世論調査」(2018年度分)によると、「1カ月に1冊も本を読まない」と答えた人は47・3%にものぼります。

これは、なかなか衝撃的な数字です。言い換えれば、**「毎月、たった1冊本を読むだけで、あなたの勉強量は日本人の上位52・7%に入る」**ということなのですから。

ほとんどの人が勉強しない時代だからこそ、ちょっと勉強するだけで、「その他大勢」から簡単に抜け出すことができるのです。

「普通の人は、努力したところで成功できない。成功するには、ものすごい量の努力が必要だ。そして、それだけの努力ができる人は限られている」。努力していない人ほど、こんなことを言います。

成功するのは簡単です。

「普通の人」を「平均的な人」と定義すると、「普通の人」はつまり、「1カ月に1冊の本すら読まない人」となります。

ということは、「普通」の域から抜きん出るためには、少しの隙間時間を活用して勉強を続けていくだけでいいわけです。

ほとんどの人が勉強しないからこそ、ちょっと勉強するだけで、人生は「イージーモード」になります。

周りと差がつくと、当たり前ですが周りの人には見えていないポイントが見えるようになってきます。先ほど例に挙げた美容室もタピオカ屋さんも、勉強したことによる勝ち筋が明確に見えた結果として勝てたわけです。勉強をすればするほど、「あなたにしか見えない勝ち筋」が増え、挑戦した際の勝率がどんどん上がっていきます。

勉強して、知識を蓄え、行動する。たったそれだけで勝ててしまう世の中です。案外、楽に勝てるものなのです。

▼学びによって「希少性」と「優位性」を手に入れよ

私のTwitterにはよく「毎日スマホを5分いじるだけで月収100万円！」という怪しいスパムDMが届きます。みなさんのアカウントにも、同じようなものが届いたことがあるのではないでしょうか。

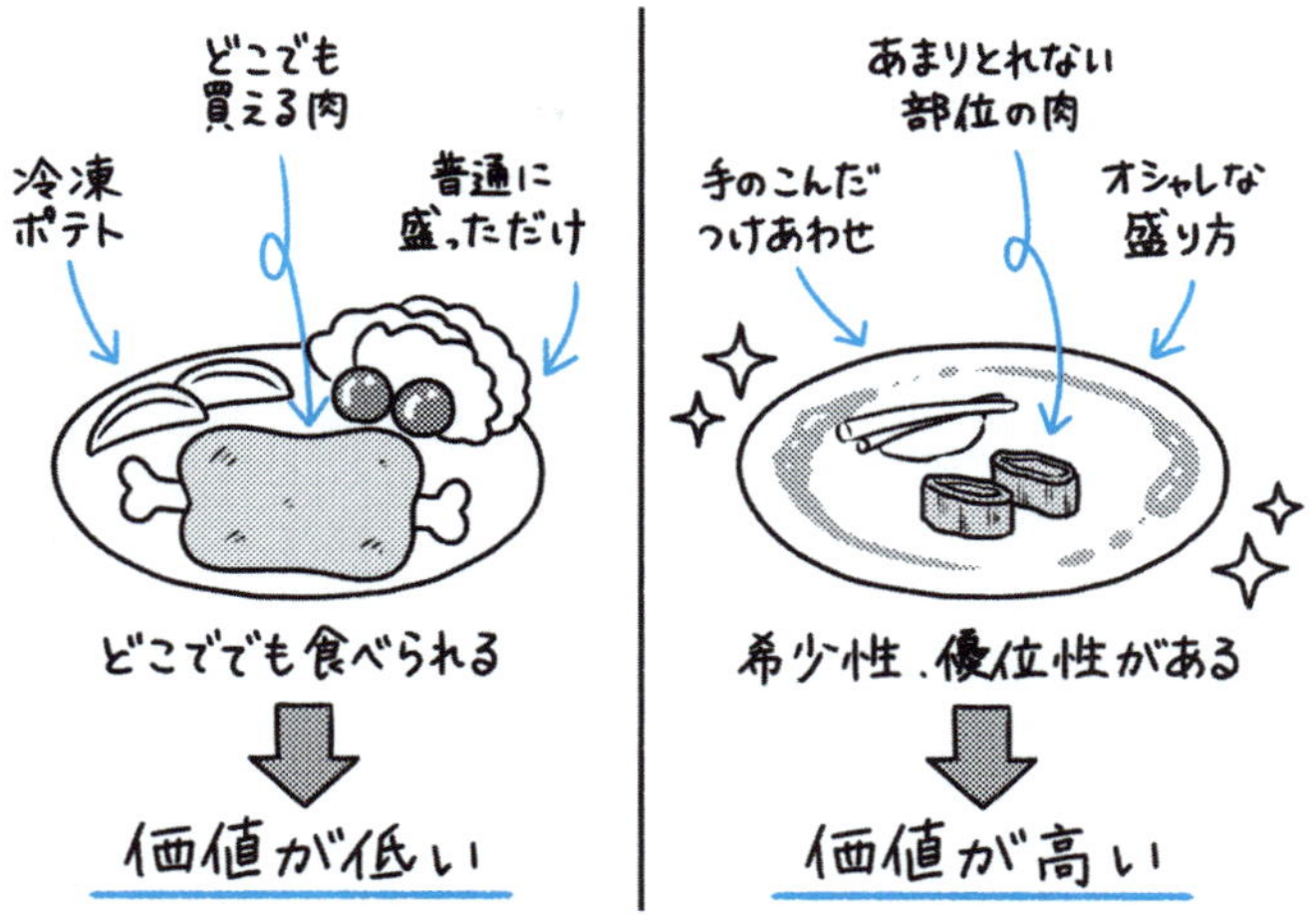

希少性や優位性を打ち出すことで価値が上がる

私が言うまでもなく、これは明らかに詐欺です。

「毎日スマホを5分いじるだけ」で「月収100万円」。仮に、そのようなビジネスが実在しているのだとしても、そんなに楽に月収100万円を稼げるようなビジネスは、「希少性・優位性」が一切ありませんから、すぐに飽和し、消え去ってしまうでしょう。

「お金を稼ぐ」と「価値を提供する」は、基本的には同義です。

より詳しく言えば、「希少性・優位性があるから、価値が上がり、お金が稼げる」。

これがビジネスの本質です。

１食数万円の値付けをしているレストランは、「そのお店でしか食べられないような食材・料理を振る舞う」ことで希少性・優位性を打ち出しています。どこのスーパーでも手に入る食材で、どこのレストランでも食べられるような料理を出していたら、「１食数万円」という値付けは成立しません。

ビジネスで大きく稼ぐカギは「希少性・優位性」にあります。

▼「みんなが勝手に挫折していくこと」を勉強する

どうすれば「希少性・優位性」を身につけることができるのか。

答えはやはり、「勉強」です。

「１カ月に１冊本を読むだけ」で、あなたは上位52・７％に入りました。さらに勉強を重ねれば、「希少性・優位性」を高めていけます。

勉強する内容は、**「正しい方法で勉強すれば難しくないけれど、少し時間がかかってしまうため、我慢できなかった人が勝手に挫折していく」**といったものがベストです。

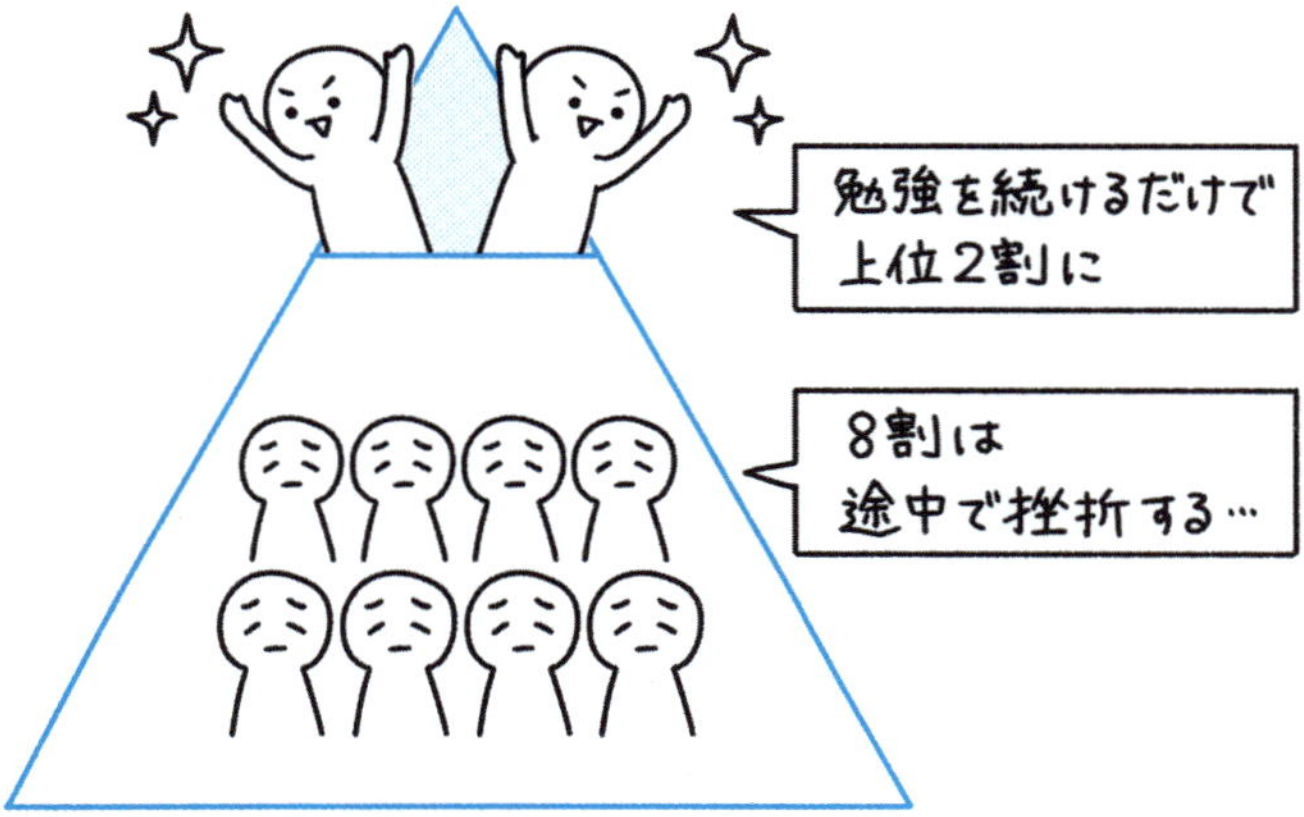

プログラミングは、勉強を続けるだけで上位2割に入ることができる

たとえばプログラミングは、勉強を始めた人のうち8割は、途中で挫折するといわれています。

「勉強を続けるだけ」で自動的に、上位2割に入れるのです。

しかも、かつての私がそうだったように、8割の挫折する人は「独学」「我流」に頼っている人がほとんど。しっかりお金と時間をつくってスクールに通ったり、教材を買ったりすることで、上位2割に入りやすくなります。

「本を1カ月に1冊以上読み、かつ、学びながら実践をしていく」。これだけでなかなかの希少性・優位性を築けます。

「毎日スマホを5分いじるだけで月収100万円！」なんて謳い文句に惑わされてはいけません。

しっかりとスキルを身につけ、希少性・優位性を築くほうが、よっぽど確実に、楽に、長期的に稼ぎ続けることができます。

価値観5 やりたいことよりも、まずはやれることを増やすべし

▼多くの選択肢を知らない中での「やりたいこと」に意味はあるのか

大学在学中にプログラミングスキルを身につけ、仕事を請け負い始めた私にとって、クライアントはほぼ全員年上。ほとんどが30〜40代の方でした。

私がまだ20歳そこそこであり、しかも大学生であることを知ると、みなさん例外なく、

「迫くんって、将来どうするの?」

と聞いてきました。

この質問に対して私は、「うーん、よくわからないですね……。まずは、やれることを増やすところからです」と答えていました。クライアントからはいつも「ピンとこないことを言うヤツだな」という反応をされたのを覚えています。

大人たちは、若者に「やりたいこと」や「将来の夢」を聞くのが好きです。

ただ、私個人としては、「やりたいことを見つける」より、「やれることを増やす」ほうが大事なのではないかと考えています。

世の中のほとんどの人にとって、「やりたいこと」は「今、自分ができること」の延長でしかありません。

だから、「今、自分ができること」の範囲が狭い一般的な大学生を捕まえて「やりたいことは何？」と聞いたところで、大した答えが返ってくるわけがないのです。せいぜい、

「やりたいことなんて、とくにないです」

「就職して、普通に暮らしていきたいです」


と答えるのが精一杯でしょう。

この答えだけを切り取って「最近の若者は夢がない」「欲がない」「面白くない」と大人たちは嘆くわけですが、それは早計というものです。

やりたいことがない大学生に、1億円をポンと渡した上で「やりたいことは何？」と聞いたらどうでしょう。


「世界一周の旅をしていろんな観光地を巡ってみたい」

「自分の店をオープンして、美味しい料理を食べてもらいたい」

「会社を立ち上げて人の役に立つ事業を構築したい」


など、やりたいことが湯水のごとくポンポン出てくるはずです。

人間は誰しも、知らず知らずのうちに、自分にも可能な、現実的な範囲で「やりたいこと」を決めてしまうものなのです。

「やりたいこと」が何ひとつなかった大学生ですら、「所持金1億円」となったとたんに選択肢が広がり、「やりたいこと」がどんどん出てくるようになる。

つまり「本当にやりたいこと」を見つけるためには、自分の「選択肢」を増やしていくしかないということです。

▼どうすれば「選択肢」を増やせるのか

私の場合は、

・スキルを身につけて、できることが増えたとき
・収入が上がって、金銭的な制限がなくなったとき
・事業をスタッフやシステムに任せることにより時間的自由ができたとき

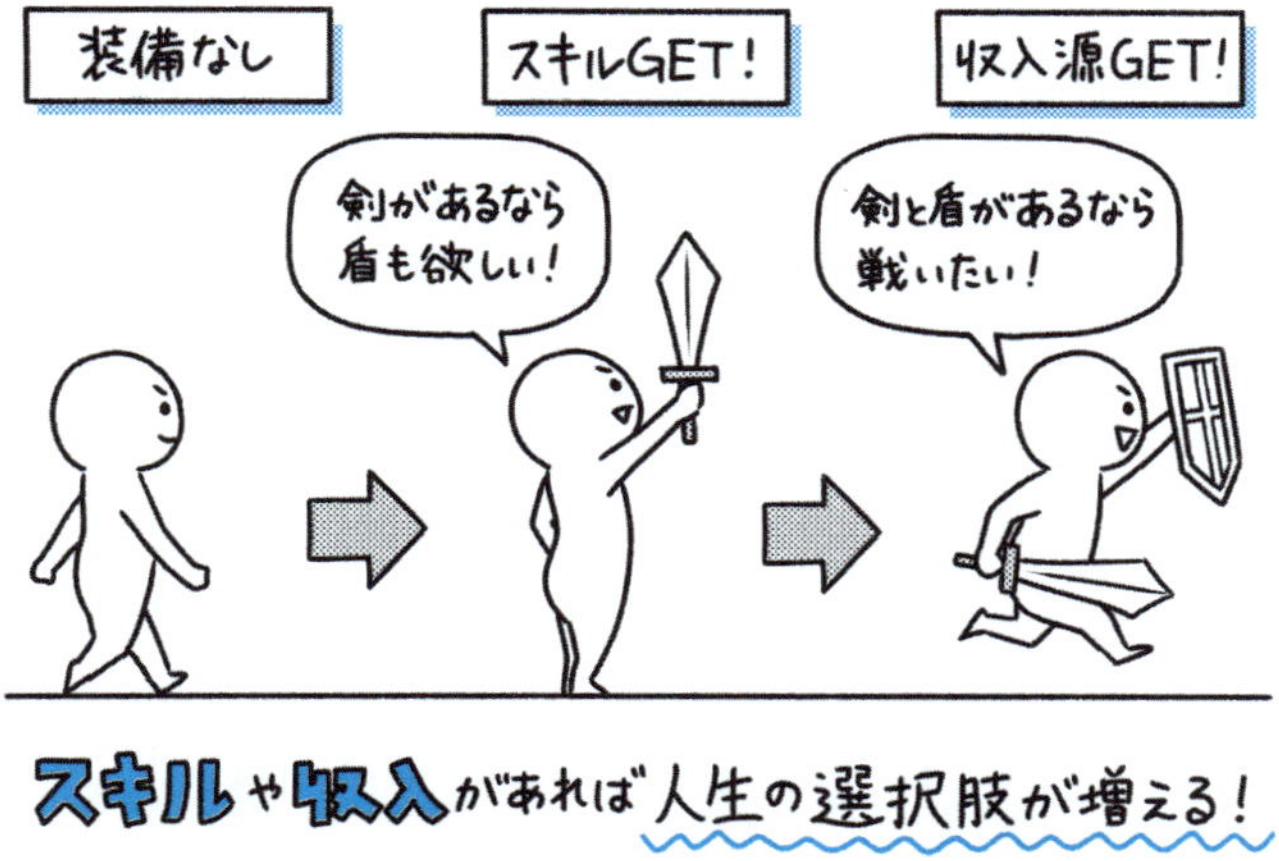

スキルが身についたり収入が上がったりすることで選択肢が増え、「やりたいこと」が見つけやすくなる

に選択肢が大きく増えたと感じました。

なかでも、プログラミングを学んだおかげで、日々の生活で「こんなことができたら面白そうだな」と思う回数が増えていきました。

たとえば、

「こんなアプリをつくったら面白そうだな」

「こんなことをしたらバズりそうだな」

「自動で投資をしてくれるプログラムをつくって稼いでみよう」

というように、ワクワクすることを次々と思いつくようになったのです。

また、収入が上がり、時間もできたときには、

「この観光地にふらっと旅行してみたいな」
「新しくタピオカ屋さんの経営をやってみても面白いな」
「時間もあるから、ボイストレーニングでも受けてみようかな」

と、思い立ったときにすぐ行動できるようになりました。

小さな話だと思われるかもしれません。

しかし、スキルが身についたり収入が上がったりすることによって、自分の欲求から表れる本質的な「やりたいこと」を見つけやすくなり、また、それを実現する可能性が高まるのも事実なのです。

選択肢の少ない状態で、とってつけたような「やりたいこと」を見つけるより、スキルを身につけて人生の選択肢を増やしていくほうがはるかに重要です。

「やりたいことなんて、何もない」と焦ることはありません。これからスキルを身につけ、そして人生の自由度を上げた上で、選択肢を増やしていけばいいのです。

第2章

人生攻略ロードマップ

「人生攻略ロードマップ」で収入を増やしながら労働時間を減らす

▼「自由度の高い人生」を手に入れるための具体的手順

それではいよいよ、「人生攻略ロードマップ」に進んでいきます。
「人生を攻略する」とは、「はじめに」でも述べたように、

- **お金の心配を一切しなくていい（金銭的な自由）**
- **時間的な余裕がある（時間的な自由）**
- **嫌だと思うことを一切しなくていい（精神的な自由）**
- **心身ともに健康である（身体的な自由）**

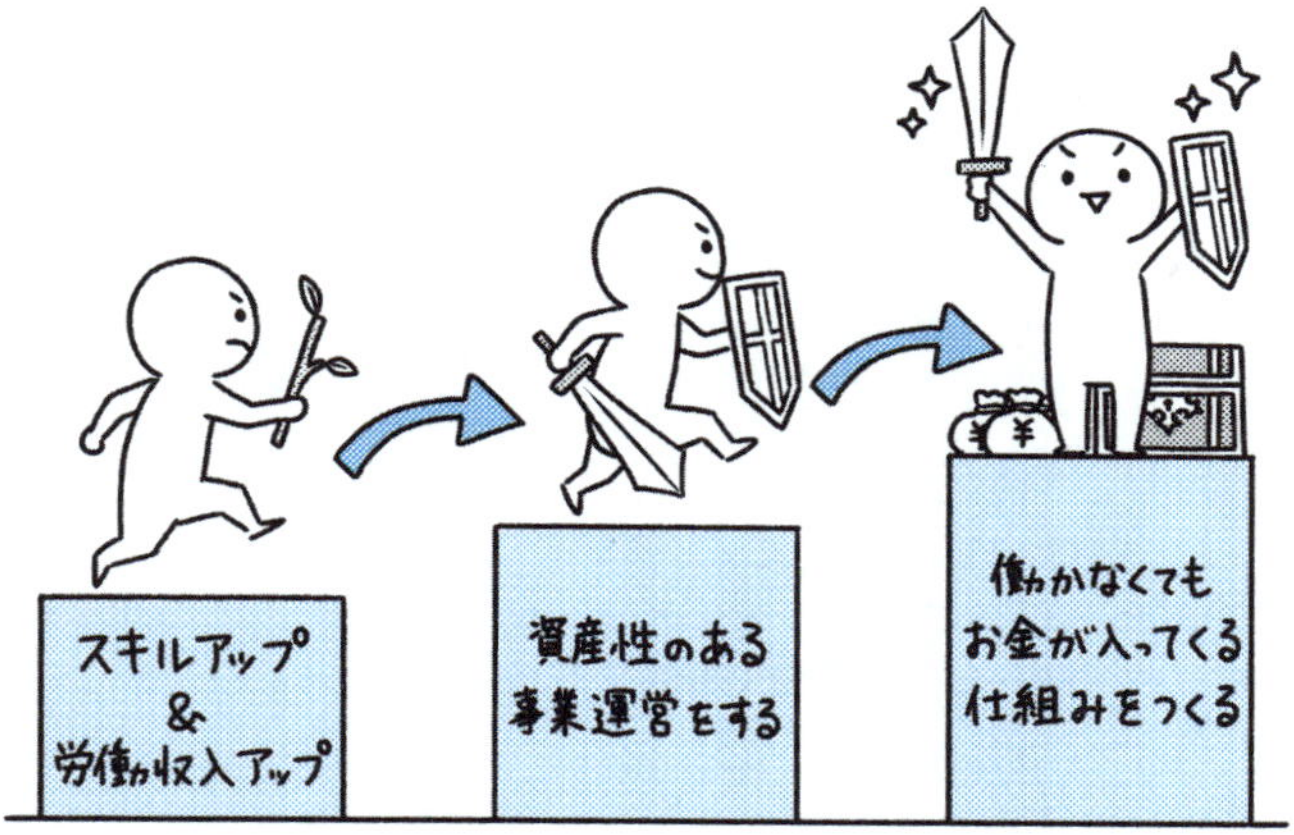

人生を攻略するための3つの流れ

という「4つの自由が満たされた状態」を手に入れることです。

この状態を手に入れるには、

①スキルアップによって労働収入を増やす
②資産性のある事業を運営する
③働かなくてもお金が入ってくる仕組みをつくる

という3つの流れを理解し、進めていく必要があります。

ただ、これだけでは漠然としていて、「具体的にどう動いていいか」がわかりづらいでしょう。

そこで「誰にでも再現可能な『10ステップ』」として整理し直したのが、本章でご紹介する「人生攻略ロードマップ」というわけです。

▼誰にでも再現可能な「10ステップ」

改めて「人生攻略ロードマップ」の全体像を提示します。

ステップ1　自分の「必要収入」を洗い出す
ステップ2　「ゼロイチ」で稼ぐ経験を積む
ステップ3　「ベーススキル」を高める
ステップ4　獲得したベーススキルを「収益化」する
ステップ5　SNSで「ライトな発信」をする
ステップ6　ブログやYouTubeで「ヘビーな発信」をする
ステップ7　一部作業を「外注化」して仕事量を減らす
ステップ8　自分の仕事をゼロにして事業を「自動化」する

ステップ9　事業を「分散」する
ステップ10　余剰資金を「資産運用」する

この10ステップを、ただ順番通りに実行していくだけで、

- **複数の収入源をもつことで、収入が上がる**
- **かつ収入源が分散されていることで、不安要素も減る**
- **適切に仕組み化するため、収入を維持したまま労働量を減らしていくことができる**
- **万が一、事業や資産運用がコケたとしても、ベーススキルを活かすことでいくらでもやり直しがきく**

という、いわば「安定と自由が両方手に入った状態」がつくれます。

経験上、「ステップ7」あたりから「なんだか難しそう……」と感じる人が多いようですが、何の心配もいりません。本書を読み、適切に段階を踏んでいくことで、誰

でも「ステップ1」～「ステップ10」をクリアすることができるように設計されています。

だまされたと思って、読み進めてみてください。

ステップ1 自分の「必要収入」を洗い出す

▼必要収入は「2段階」に分ける

最初に取りかかるのは、みなさんそれぞれの「必要収入」の洗い出しです。**何も難しいことはありません。「いくらあったら満足なのか」をざっくりと考えるだけです。**

人間、「ゴール」が見えないとモチベーションが上がらないものです。ざっくりとでも「自分はどれくらいのお金があったら満足なのか」を考えておくのは重要なことです。

「必要収入」は、次の2段階に分けて設定しましょう。

①月々の生活をギリギリまで切り詰めた場合の、必要最低限の生活費
②多少の贅沢ができる、「月々、これくらいあったらいいなぁ」と思う生活費

もちろん、それぞれの額は人によってさまざまでしょう。自分にとっていちばんしっくりくる額を設定して構いません。

ただ共通認識として、「①を計算する場合は、外食をはじめとする一切の贅沢はNG。生きていくための必要最低限の生活費を計算する」ことだけは押さえておいてください。

ここでは一例として、①を月20万円、②を月50万円と仮定して話を進めていきます。

▼「稼ぎの内訳」をざっくりと振り分ける

2段階の「必要収入」を洗い出したら、「人生攻略ロードマップ」をクリアした状態から逆算し、「どうやって②（月50万円）をクリアするか」を考えます。

「人生攻略ロードマップ」は、

- **複数の収入源をもつことで、収入が上がる**
- **かつ収入源が分散されていることで、不安要素も減る**
- **適切に仕組み化するため、収入を維持したまま労働量を減らしていくことができる**
- **万が一、事業や資産運用がコケたとしても、ベーススキルを活かすことでいくらでもやり直しがきく**

という状態をつくるのが目標でした。「複数の事業の所有」と「余剰資金の資産運用」ができていることを前提に「月50万円」の内訳を考えてみましょう。

振り返ってみれば、「最低限必要な収入」は①の月20万円でした。「これくらいは、完全な不労所得である資産運用によってまかないたい」と考えたとします。

月20万円は、1年間では240万円。年利5％で運用することを考えたら、

240万円÷0.05＝4800万円

で、4800万円の余剰資金が必要なことがわかります（厳密には税金も計算に入れる必要がありますが、ここでは割愛します）。

「まずは4800万円貯めなければ」と、ここでひとつの目標が定まります。

さて、仮に今、天から4800万円がポンと降ってきて、それを年利5％で運用したところで、得られるお金は①の月20万円だけです。

②の月50万円を実現するためには、残り30万円を稼ぐ必要があります。

ここもざっくりと考えましょう。「3つの事業」を運営し、合計で「月30万円」の収入を得ると仮定します。情報発信系の広告事業を展開するとして、YouTubeで「月10万円」、ブログで「月10万円」くらいは現実的に稼げる金額です。残りは「月10万円」。それくらいならコンテンツの販売や電子書籍の出版、そのほかにもコミュニティ運営やWebサービスの運営等で稼ぐことは難しくありません。

そして、これくらい自分で事業をつくって稼ぐ力がついてくると、万が一、事業が失敗したり、資産運用に失敗したとしても、復活するのは余裕です。

ブログで月10万円くらい稼ぐスキルを持っていれば、ライターとして働けるなら月30万円は稼げます（労働集約型なので、ブログで稼ぐのが理想ですが）。

ほかにも、個人で運営して月に10万円ほどを稼ぐサービスをつくる力があれば、エンジニアとして働いて月50万円を稼ぐことはまったく難しくありません。

人生攻略ロードマップでは、「なるべく労働時間を減らして理想の収入を手に入れる」ことを目標にしているので、事業をつくることを推奨していますが、多少ならば労働してもよいと考えれば、ハードルはさらに下がります。

複数の事業を持ち、資産運用も行った上で、さらに稼げるスキルまであれば、万が一、事業も資産運用もうまくいかず、「裸一貫」に戻ってしまったところで、「必要収入」で設定した②の生活は確保できる状態が手に入ります。

▼なんとなくでも「具体的な数値に落とし込むこと」に意味がある

「こんなにざっくりとした展望に意味はあるのか」と感じる人もいるかもしれませんが、ざっくりとでも「展望がある」のと「ない」のとでは大違いです。**なんとなく「こんなことをして、これくらいを稼げればいいんだな」とイメージするだけでも、大きな意味があります。**

「『ベーススキルを身につけて、月30万円』なんて、そんなスキルは世の中にあるのか。そんなに簡単に収益化できるものなのか」。これは**「ステップ3　『ベーススキル』を高める」「ステップ4　獲得したベーススキルを『収益化』する」**で詳しく解説します。

「そんなに簡単に複数の事業を運営できるのか」。これは**「ステップ7　一部作業を『外注化』して仕事量を減らす」「ステップ8　自分の仕事をゼロにして事業を『自動化』する」「ステップ9　事業を『分散』する」**で詳しく解説します。

「資産運用って、そんなに簡単にお金を増やせるの？」。これは**「ステップ10　余剰資金を『資産運用』する」**で詳しく解説します。

大丈夫です。

「人生攻略ロードマップ」は「努力さえすれば多くの人に再現可能」なようにできているのです。

ステップ2
「ゼロイチ」で稼ぐ経験を積む

▼簡単なゼロイチの「2つ」の手段

「自由度の高い人生」を手に入れるためには、事業をつくっていくことが必須であり、その第一歩として重要なのは、「雇用される」以外のお金の稼ぎ方を身につけることです。

会社に頼らず、自分の力で稼いでみましょう。

はじめは「1円」でも構いません。まったくの「ゼロ」の状態から、「1円」でもいいので、とにかく稼ぐ。なるべく早く、「自分の力で稼いだ1円」を手に入れてください。

自由度の高い人生を歩むためには、雇用される以外の働き方を知っておく必要がある

誰もがみんな、「個人で稼ぐのは難しい」と思い込んでいます。ただ、実際はそんなに難しいものではありません。「やったことがないだけ」です。

ここでは、「個人で稼ぐのは難しい」という固定概念を取り払いながら、今後スキルアップをしていくために必要な自己投資の種銭5万〜10万円ほどを稼ぐことを目標にしています。

手っ取り早く「ゼロイチ」で稼ぐ経験を積むには、たくさんの方法がありますが、ここでは最も簡単な2つの方法を紹介します。

・不用品販売でゼロイチで稼ぐ

・ポイントサイトなどを使ってゼロイチで稼ぐ

それぞれ、詳しく見ていきましょう。

▼不用品販売で5万円をゲットする

「メルカリ」をはじめとするフリマアプリや、「ヤフオク！」などのネットオークションに家の中にある不用品を出品する。**これが最もスピーディーかつ確実に「ゼロイチ」で稼ぐ手段です。**

「不用品を売って稼いだところで、大した経験も得られないのでは？」と思っている人もいるかもしれません。そこで、実際にあった不用品販売で人生を変えたある男性の話を紹介しましょう。

私のフォロワーの男性は、会社からのリストラをきっかけに、「自分で稼がざるを得ない状況」に無理矢理追い込まれました。転職活動をしようにも、30代半ばで何の

「ゼロイチ」で稼ぐ経験を通じて、「誰かに雇われなくても
自分の力で稼げるんだ」という自信を身につけよう

資格も持っていない彼に、なかなかいい転職先はありません。

そうかといって、彼はこれまでサラリーマンしかしたことがなく、「自分で稼ぐ」なんて考えたこともありません。

絶望の淵に立たされた彼の目にとまったのは、数年前に購入したきり使っていないギターでした。

「なんとか売れないか……」とネットオークションに出してみたところ、なんと1万5000円で売れました。

今まで普通に捨てていたものが、「1万5000円」で売れたという事実に、彼は衝撃を受けました。そこから彼は、家の中の不用品を片っ端から売却し、10

万円というお金をつくります。

そして、そのうち5万円を元手に、動画編集を学び、彼は今ではYouTube動画の編集をしながら在宅で仕事をする生活を手に入れています。たかが不用品販売。しかしその不用品販売が、ひとりの人間に「稼ぐきっかけ」をつくったのです。

今ではフリマアプリも充実してきており、誰でも簡単に不用品を販売できる状況が整いました。調べれば、やり方は簡単にわかります。「個人で稼ぐ第一歩」を踏み出してみましょう。

▼ポイントサイトで5万円をゲット

次に紹介するのが、ポイントサイトを使ってゼロイチで稼ぐ方法です。

ポイントサイトとは、ある商品のモニターとして登録したり、クレジットカードをつくったりすることの報酬としてポイントを提供してくれるサイトのことです。巷では「お小遣いサイト」と呼ばれたりしています。

ポイントサイトはたくさんありますが、ハピタスやモッピーなどには「クレカ発行」だけで数千円から1万円ほどもらえる案件が複数ありますから、おすすめです。

ただし、ここで1点、注意していただきたいことがあります。

毎日ポイントサイトにログインし、チマチマとポイントを稼ぐのは時間の無駄だということです。

狙うべきは「クレジットカード」の作成や、証券口座の開設などの高単価案件。入会金・年会費無料のクレジットカードをつくることでポイントがもらえる案件や、無料で証券口座を開設する案件に絞るだけでも、1万円分以上のポイントを稼げるものがたくさんあります。そのくらいの単価の案件であれば、かかる手間に応じた報酬は十分に見込むことができます。

ただし、クレジットカードもつくりすぎると審査が通らなくなるので、3枚程度に留めておきましょう。3枚ほどクレジットカードをつくり、いくつかの証券口座を開設するだけで、5万円ほどのお金を得ることができます。

▼「ステップ2」の金額目標は5万～10万円

「ステップ2」の意図は、「雇用される」以外のお金の稼ぎ方を経験し、「誰かに雇われなくても自分の力で稼げるんだ」という自信をつけることです。たとえばメルカリでの不用品販売に本気になり、毎日ひたすらメルカリに張り付いて月20万円も30万円も稼ごうとするのは本末転倒で、「人生攻略ロードマップ」からは大きく外れた生き方となってしまいます。ここはあくまでゼロイチで稼ぐ経験をしながら、ここから先の自己投資に使う種銭をつくるフェーズであることを理解してください。

「ステップ2」の金額目標は、5万～10万円が妥当なところでしょう。次の「ステップ3『ベーススキル』を高める」では、ここで稼いだ種銭をうまく活用し、最短最速でスキルを習得することになります。

自分の力で稼いでみる経験をしながら、自己投資に回せるお金が貯まった段階で、「ステップ3」に進みます。

ステップ3 「ベーススキル」を高める

▼学ぶべき「ベーススキル」とは？

「ステップ3」では、「ステップ2」で得たお金を元手に、これから自分の力で稼いでいく礎《いしずえ》である「ベーススキル」を身につけます。

習得すべきスキルの条件は、次の3つです。

- ・需要が供給を上回っており、市場価値が高いスキル
- ・リモートワークや独立がしやすく働き方の自由度が高いスキル
- ・自分がやっていて楽しいと思えるスキル

需要が高いスキルを選ぶことは金銭的な自由度を上げるために大切な要素です。需要が高いスキルであれば、自《おの》ずと仕事の単価は高くなります。

また、働くことを考えたとき、在宅可能であったり、稼働時間が決まっていなかったりといった、できるだけ自由度が高いスキルを身につけましょう。仮に需要があっても単価が高くても、働き方で縛られては意味がありません。スキルを選ぶ際にも、時間的な自由度が将来的に高くなりそうなものを選んでいきましょう。

そして「やっていて楽しいと感じるか」。これも重要です。お金がもらえて、かつ働き方が選べたとしても、まったく楽しくなく、日々苦痛を感じていれば、精神的な自由を得られません。

スキルを選ぶ際にも、人生攻略における4つの自由である「金銭的な自由」「時間的な自由」「精神的な自由」「身体的な自由」が満たされるものを選びましょう。

具体的には、「プログラミング」「動画編集」「デザイン」「アニメーション動画の作成」「広告の運用代行」「SNSの運用代行」などがよいでしょう。これらの中から選んでおけば基本的には問題がないので、いろいろ試してみた上で、それぞれの好みに合わせてどのスキルを習得していくかを考えてみてください。

基本的には、「伸びている業界」の中で、「人材の需給バランスが『需要』に傾いている（＝人材不足の）スキル」は市場価値が高くなりやすく、給与や報酬もそれに比例します。

たとえばＩＴ業界は、慢性的なエンジニア不足に陥っており、プログラミングができる人材の需要が高まっています。

経済産業省が２０１６年に公表した「ＩＴ人材の最新動向と将来推計に関する調査結果」では、２０１５年には約17万人だったＩＴ人材不足規模が、２０３０年には79万人にまで拡大すると試算されています。

これから中小企業もどんどんＩＴに力を入れていく時代なのに、ＩＴ人材が足りない。この「需給のひずみ」が狙い目です。現に、**フリーランスエンジニアの平均年収は８６２万円とされています**（フリーランスエンジニア専門エージェント「レバテックフリーランス」に登録して稼働するフリーランスエンジニアの場合。２０１８年７月実績）。いかに「プログラミング」というスキルの市場価値・給与や報酬が高いかがおわかりいただけるでしょう。

今回は私が過去にエンジニアとして働いていた経験から、プログラミングを例にしましたが、ほかにもそのようなスキルはたくさんあります。ぜひ、先ほど挙げた「プログラミング」「動画編集」「デザイン」「アニメーション動画の作成」「広告の運用代行」「SNSの運用代行」などから好きなものを選び、学習してみてください。

▼スキル習得に最も効果的な「学習手順」とは？

続いて、どうすればそのスキルを「最短最速」で身につけることができるのかを考えていきましょう。

スキルを最短最速で習得するには次の手順が効果的だと私は考えます。

①何を学ぶのか、「方向性」を固める
↓
②無料サイトで「最低限の知識」を身につける

A
B
① 学ぶ方向性を決める
② 無料で最低限の知識を身につける
自主練習
まいどあり～
③ お金を払って学習速度UP↗
④ アウトプットを意識する
実践など

スキル習得に最も効率的な学習手順

③有料スクールを活用したり教えてくれる人にお金を払ったりして、「学習速度」を上げる
←④サービス開発など「アウトプット」を意識する

漠然としているように見えますが、受験勉強に置き換えてみるとイメージしやすくなります。

①どう勉強していくかの「方向性」を固める
←②教科書や学校の授業で「最低限の知識」を身につける
←③塾や家庭教師を活用して「学習速度」を上げる
←

④模擬試験で学んだことを「アウトプット」する

さすがは、毎年たくさんの人が通る道である受験勉強。「確実」かつ「最短最速で、効率的に」学習する手順がすでに確立されているわけです。

▼「方向性を固める」とはどういうことか

さて、この手順の中で最も大切なのに、最もイメージしづらいもの。それが**①「何を学ぶのか、『方向性』を固める」**です。

「方向性を固める」とは、「それを勉強して何がしたいの？」という問いに明確な答えを出すことです。

ここでも、プログラミングを例に説明をさせてください。

プログラミング初学者と話すと、「とりあえず闇雲にプログラミングを学んでいる」人の多さに驚かされます。

残念ながらこれは、効率的な勉強法とはいえません。「プログラミングを使って何がしたいのか」で、学ぶべき内容は大きく変わってくるからです。

プログラミングスキルがあると、

- **Web開発を学び、サービスを開発する**
- **iPhoneやAndroidのアプリを開発する**
- **思い通りのゲームをつくる**
- **人工知能をつくって、さまざまな分析をする**

など、幅広くいろいろなことができるようになります。

ただ、幅広くいろいろなことができてしまうがために、「本当はゲームをつくりたかったのに、自分が頑張っていたのはWeb開発のための勉強だった」というような悲しい事態もよく起こります。

まずは勉強を始める前に、「それを勉強して何がしたいのか」を明確にし、「自分が今からしようとしている努力は、正しい努力なのかどうか」を考える必要があるのです。

▼なぜ「有料で学ぶこと」が必要なのか

続くステップである**②「無料サイトで『最低限の知識』を身につける」**は、説明の必要はないでしょう。プログラミングを学ぶにしても、動画編集を学ぶにしても、デザインを学ぶにしても、初心者向けに無料で学習方法や具体的な知識を教えてくれるサイトが複数ありますので、そこで入門レベルをクリアしましょう。

しかし、その次の**③「有料スクールを活用したり教えてくれる人にお金を払ったりして、『学習速度』を上げる」**については、違和感を持つ人もいるかもしれません。

受験だって、塾に通ったり家庭教師をつけたりせず、教科書や学校の授業だけを武器に臨む人もいます。「わざわざ学びにお金を払う必要があるのか?」という話ですね。

実は、**③「有料スクールを活用したり教えてくれる人にお金を払ったりして、『学習速度』を上げる」**は、私の失敗談に基づき、「これは重要だ」と思い知ったがために入れている手順です。

私が本気で「プログラミングを学ぼう」と決意したのは、大学1年生のときのことです。

当時、お金に余裕のなかった私は、授業料を払ってまでプログラミングスクールに通う気になれず、ひたすら独学で勉強を進めました。

1個のエラーを解決するために10～20時間かけるのは当たり前。「非効率的だな」とは思いつつ、正しい勉強法もわからぬまま、プログラミング習得のために必要なことを、地道に、愚直に学んでいきました。

そんなある日、私のもとに思わぬ臨時収入が舞い込みます。そう、第1章でも少しお話しした、自己投資の種銭とした「奨学金」です。

終わりが見えないまま、だらだらと続くプログラミングの独学に嫌気が差していた私は、奨学金が入るやいなや、プログラミングスクールに通うことを決意。5分後にはもう、申し込みが完了していました。

初めてプログラミングスクールに通ったとき、私は大きな衝撃を受けました。

体系的にまとまった学習教材。そして、不明点を質問し放題の環境。私が理解に苦しんでいた概念も、プログラミングスクールの教材では、図や具体例を用いてわかりやすく解説されていました。

私が丸3日悩み続けたエラーも、プログラミングスクールの講師に質問すると、わずか5分で解決しました。

私はそれまで、正直、プログラミングスクールや、有料教材、有料スクールというものをナメていました。

「インターネット上の情報を使えば、独学でも余裕だろう」なんて考えていたのです。しかし、ひとたびプログラミングスクールを受講した結果、私の価値観は完全に崩壊しました。

私は「9万円」という授業料を払うことで、独学ならば1年、2年かかるプログラミングの学習期間を節約し、たった2カ月で、ベースとなるスキルを習得することができたのです。

今から思えば、最初から独学なんかに頼らず、さっさとプロから教えてもらうべきでした。

これが、スキルを習得する「最短最速」の手順に**「有料スクールを活用したり教え**

てくれる人にお金を払ったりして、『学習速度』を上げる」を入れた理由です。

いまだに私は年間2000万円ほど自己投資に使っています。その事実からも、私が心の底から自己投資を大事だと考えていることがわかっていただけるでしょう。

自己投資をしつつインプット作業をした後は、必ずアウトプットすることを心がけてください。

「プログラミングを学んだら、その学んだスキルで何かサービスをつくってみる」「デザインを学んだら、その学んだ知識でチラシを1枚デザインしてみる」「動画編集を学んだら、とにかく誰かの動画を編集してみる」といったアウトプットが必要です。

方向性をしっかりと決めた上で、適切に学びにお金を使いながらアウトプットを繰り返していれば、短期間でみるみるうちにあなたのスキルは上がっていきます。

▼スキルの習得は難しい？　そんなことはない

「プログラミングや動画編集、デザインなんて難しいよ」

「理系の賢い人にしかできないんでしょ?」

「独立できるのは、ほんの一握りだよ」


そう感じた人もいるかもしれません。

しかし、それは大きな誤解です。

私自身、実際にプログラミングを学び、仕事をするようになって気づいたことがあります。

そもそも需要と供給のバランスを見たときに需要が高いスキルさえ選んでいれば、ある程度高単価な仕事をとるのは、それほど難しくありません。

そこそこ単価の高い仕事をとって、金銭的な自由を手に入れるだけであれば、「ごくごく一握りのトップフリーランス」になる必要はまったくないということです。

もちろん、業界ナンバーワンのエンジニアになったり、映画に使用するレベルの動画編集スキルを身につけるのは難しいといえます。

しかし、「エンジニアや動画編集者としてスキルを身につけ、ある程度の自由な生活をしたい」くらいであれば、難しい話ではありません。完全未経験から半年〜1年でエンジニア転職に成功し、大幅に年収がアップしたという事例や、未経験から動画編集を学び、半年ほどで月収１００万円を超えたなどといった事例は枚挙に遑《いとま》がありません。

「平均以上」のスキルを身につけた上で、発注者の意図をしっかり汲み取り、丁寧に仕事に取り組んでいきさえすれば、問題ないのです。

そして今は、エンタテインメント・金融・スポーツなど、幅広い分野でＩＴや動画の力が活かされています。アスリートのように、たった数十人、数百人で市場が飽和してしまうような小さな世界ではないのです。

本気で学べば誰にでもできることであり、門戸も広いのに、目指す人が少ない。だからこそ、チャンスもたくさん転がっているのです。

ただし、ここで勘違いしていただきたくないのが、プログラミングや動画編集、デザインなどの勉強は「超絶に楽だ」というものでもない、ということです。

新しいことを勉強するわけですから、ある程度の努力はもちろんいります。

私自身、知識ゼロの状態からプログラミングの勉強を始め、初めて単価100万円の案件をとるまでには2年ほどかかりました。

「人生攻略ロードマップ」は、「楽して稼げます！」系の怪しいものではない分、ある程度の時間と努力は必要になるのです。

努力が必要というと諦めてしまう人も多くいます。しかし私は、「今ここで2～3年頑張って人生の不安をなくし、時間的・精神的な自由を手に入れる」ほうが、「30年、40年と不安を抱えながら働き続ける」よりも圧倒的に楽だと考えます。

「最も楽な生き方」を、「最も確実」に、そして結果的には「最も早く」叶える。それが「人生攻略ロードマップ」なのです。

今では、各種スキルを低価格で学べるサービスもたくさん出てきています。

それらを活用すると、「プログラミングって意外と簡単じゃん！」「動画編集ってやってみたらすごく面白くない？」と、心理的ハードルが下がることは間違いありません。

もちろん各種スキルには向き不向きが存在します。そのため、先ほど挙げた「プログラミング」「動画編集」「デザイン」「アニメーション動画の作成」「広告の運用代行」「ＳＮＳの運用代行」などの各種スキルからいくつか選んで、つまみ食いをしてみるとよいでしょう。

何事も「食わず嫌い」はもったいない。まずは、いろいろなスキルについて、「無料サイト」等を軽く使ってみて、実践を通して触れてみる。ここから始めてみましょう。

ステップ4
獲得したベーススキルを「収益化」する

▼「お金を稼ぐ」とは、どういうことなのか

「ステップ4」では、「ステップ3」で得たスキルを収益化します。いよいよ**「スキルを使って、お金を稼ぐ」**というフェーズに入っていきます。

世界の多くの国で、「お金を稼ぐこと」の意味を教えたり、体験したりする場が学校教育の中に組み込まれている一方、日本にはそのような教育はありません。そのため日本人には、「お金を稼ぐのは悪いこと」と、お金に対して不要なマインドブロックを持ってしまっている人が多くいます。

スキルを使ってお金を稼ぐにあたり、一度立ち止まって、「お金を稼ぐとは、どういうことか」を考えてみましょう。

私は、**「収入の額は価値提供の成績表」**だと考えています。

価値あるものを世の中に提供してたくさん稼ぐのは、決して悪いことではありません。いいものを提供し、「いい成績」をとった。ただそれだけのことです。

悪いことをしてお金を稼ぐのは、「いい成績」をとったわけではなく、単に「成績表を改ざんしただけ」です。そのようなビジネスは、いつかボロが出て破綻します。

また、改ざんとは言わないまでも、「本当の実力は60点なのに、なんとか取り繕って90点に見せようとする」ようなビジネスをしている人もいます。学校でたとえるなら、「テストの点数は60点だけど、先生に気に入られて、なんとか90点の成績表をもらおうとするような子」でしょうか。しかしそれも、学年が上がり、先生が替わればすぐ、本当の実力が露呈します。

成績表を改ざんせず、ご機嫌取りでごまかさず、誠実に「いい成績」を目指す。これが本来のあるべき姿です。

▼「誠実なビジネス」が世の中を豊かにする

誠実なビジネスは世の中全体を潤し、不誠実なビジネスは世の中全体を停滞させます。

「A社」「Bさん」「Cさん」がいるとします。

A社は、パソコンショップをやっている会社だとしましょう。

Bさんはフリーランスのエンジニア。

そしてCさんはフリーランスのデザイナーです。

エンジニアのBさんはA社のパソコンショップから、パソコンを10万円で買いました。

エンジニアのBさんが持っていた10万円はA社のパソコンショップに渡り、Bさんはパソコンを受け取ります。

A社はデザイナーのCさんに、自社サイトのデザインを10万円で依頼しました。

A社の10万円はデザイナーのCさんに渡り、A社はきれいに仕上がった自社サイトを手に入れます。

デザイナーのCさんはエンジニアのBさんに、決済まで行ってくれるシステムの開発を10万円で発注しました。

デザイナーのCさんの10万円はエンジニアのBさんに渡り、デザイナーのCさんは決済システムを手に入れます。

もともとエンジニアのBさんが持っていた10万円は、A社、Cさんを経由して一周し、またエンジニアのBさんのもとに戻ってきました。

お金だけ見れば「元通り」なのですが、全体を見れば全然、「元通り」ではありません。

A社は10万円の価値の自社サイトを持っていて、エンジニアのBさんは10万円の価値のパソコンを持っていて、デザイナーのCさんは10万円の価値の決済システムを持っています。

10万円が一周してBさんに戻ってくるまでの間に、3者の「富の総量」は「40万円」

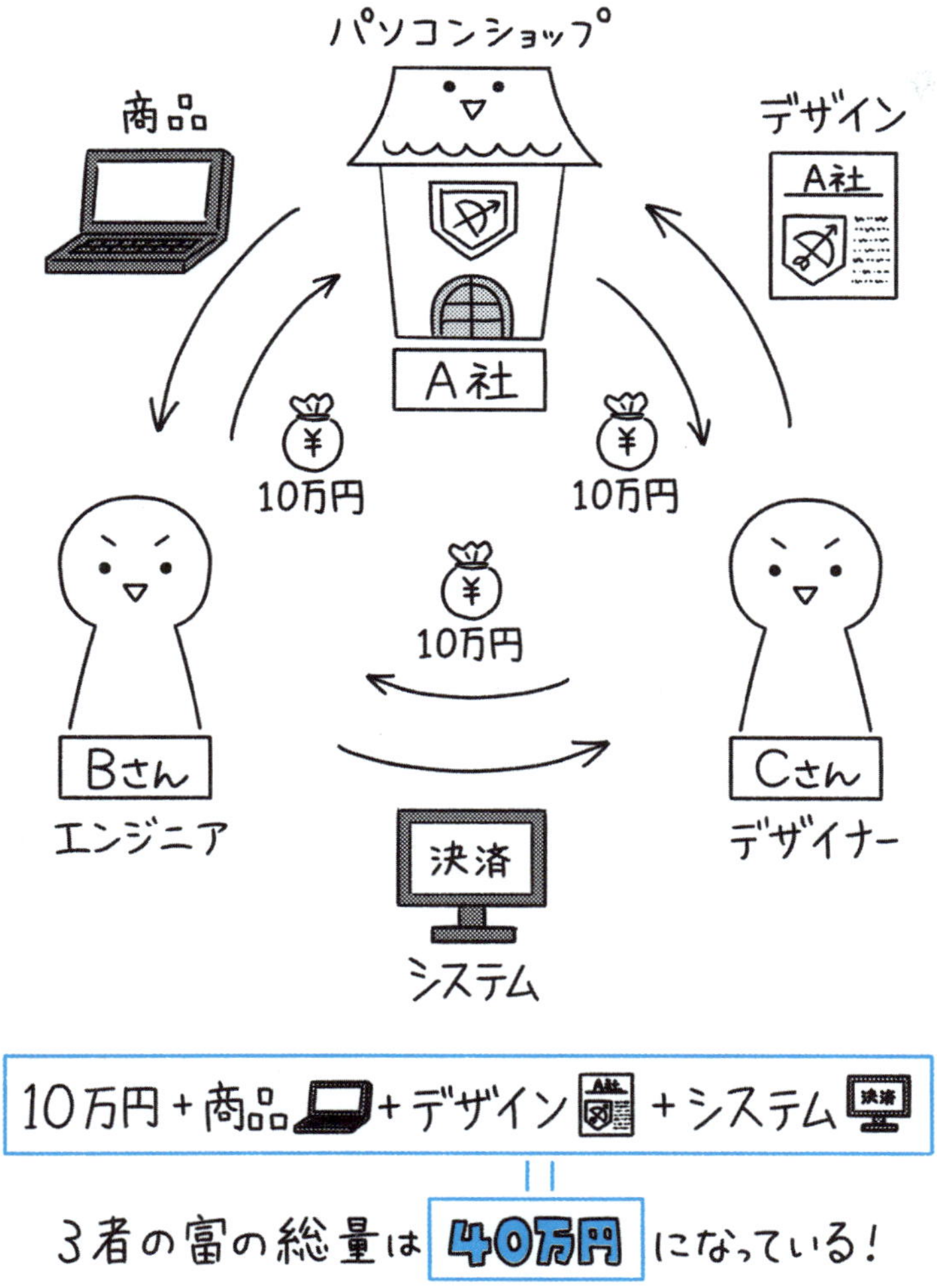

誠実なビジネスは世の中を潤します

になっているのです。誰も損をすることなく、みんなが豊かになっています。

この規模が「3者（3人）」から「1億2000万人」に広がれば、日本全体が豊かになりますし、「77億人」になれば世界全体が豊かになります。

お金をうまく使い、お互いが価値のあるものを提供し続けると、全体が豊かになる。

これが「経済を回す」という言葉の本質です。

仮に、エンジニアのBさんがデザイナーのCさんに売った決済システムが、10万円の価値もないぼったくりの不良品だったら、どうでしょう。

決済システムがCさんの期待通りに動いてくれないわけですから、Cさんは決済できなくなり、仕事が止まります。そしてエンジニアのBさんにシステムを発注することは二度となくなるでしょう。ここで経済は止まります。

しかし、エンジニアのBさんがデザイナーのCさんに売った決済システムがうまく動き続けたら、デザイナーのCさんは満足し、また新たなシステムの開発を今後もエンジニアのBさんに任せるでしょう。あるいは、同業者のDさんに「エンジニアのBさんの決済システムはいいよ」と紹介し、経済の輪が増えるかもしれません。

このように考えると、自分のスキルを高めて、その対価に見合った仕事をとっていくことは、経済の発展にも寄与する素晴らしい行為であることがわかります。

誠実なビジネスは世の中全体を潤し、不誠実なビジネスは世の中全体を停滞させる。これは決して「精神論」ではなく、経済の理屈に則《のっと》った事実なのです。

賢明な起業家ほど、「自分が豊かになる最短の道は、自分自身が誠実なビジネスをすることである」と知っています。

▼エンジニアはまず「実務経験」を積む。それ以外は即、独立も可能

・収入の額は、価値提供の成績表である
・そして、自分が豊かになる最短の道は、自分自身が誠実なビジネスをすることである

この2点を前提として、「獲得したベーススキルを『収益化』する」話を進めていきます。

獲得したベーススキルが「プログラミング」の場合、高額案件の求人には「実務経験○年以上」という縛りがあるケースがほとんどです。そのため、まずは転職して実務経験を積み、そこから報酬の高い案件を請け負ったり、フリーランスとして仕事をとったりするのが最短ルートとなります。

「なんだ、結局、転職してどこかに雇用されろということか」「その転職先がブラック企業だったらどうするんだ」と思うかもしれませんが、ご安心ください。プログラミングスキルを持っている人材は引く手あまたですから、もしも転職先がブラック企業だった場合、さっさと辞めて次を探せば、新たな転職先はいくらでもあります。**そこで「実務経験○年」という縛りさえクリアしてしまえば、その後は自由度の高い生活が待っています。**

獲得したベーススキルが「動画編集」「デザイン」「アニメーション動画の作成」などの場合は、すぐにでもフリーランスとして仕事をとることができます。

大企業からの大型案件をいきなり獲得するのは、たしかに難しいでしょう。しかし世の中の大多数は中小企業や個人事業主であり、さらにその多くは「ＩＴを活用したいけれど、できていない人たち」です。**「動画編集」「デザイン」「アニメーション動画の作成」はまさに、その人たちが欲しい価値を提供できるスキルですから、仕事がすぐに決まりやすいのです。**

また、インフルエンサーの場合は、SNS上で「動画のサムネイル担当者を募集します！ 1枚1500円で月20枚ほど。2、3人の採用を予定しています」などと募集したりしています。もちろん競争率は高くなりますが、応募のハードルは限りなく低いといえます。

▼どうやって仕事をとればいい？

オンラインで仕事をとるには、過去の作品集をSNSやWebサイトにアップした上で、「こんなことができます！ だから、こんなお仕事をください！」と企業やインフルエンサーにアプローチするのが効果的です。

SNSにアップする過去の作品集は、必ずしも「仕事の実績」でなくても問題ありません。空き時間に、スキルアップの練習としてつくった動画、アニメーション動画、デザインなどがそのまま、「過去の作品集」となり得ます。

ただ、やはり「仕事の実績」が多く、またひとつひとつのインパクトが大きいほうが、発注者に信頼されやすいのも事実です。

「仕事の実績」がない状態で、「インパクトのある仕事」をどう積み上げていくか。

私が見聞きした中で「これは有効だな」と感じたのは、たとえばチャンネル登録者数1万～2万人くらいの中堅YouTuberに、「相場の半額であなたの動画を編集させてください」「まずは格安で1枚だけデザインさせてください。そして質に満足されたら継続案件をいただけると嬉しいです」などと、自分のスキルを活かしてアプローチする方法です。

「チャンネル登録者数1万～2万人ほどのYouTuberの動画編集を担当した」となれば、なかなかの実績です。これを得るために、あえて報酬を放棄し、「格安でやらせてください」とお願いをするのです。

私が実際に見た事例では、格安どころか「1000円払いますから、動画編集をさせてください」とオファーを出していた人までいます。

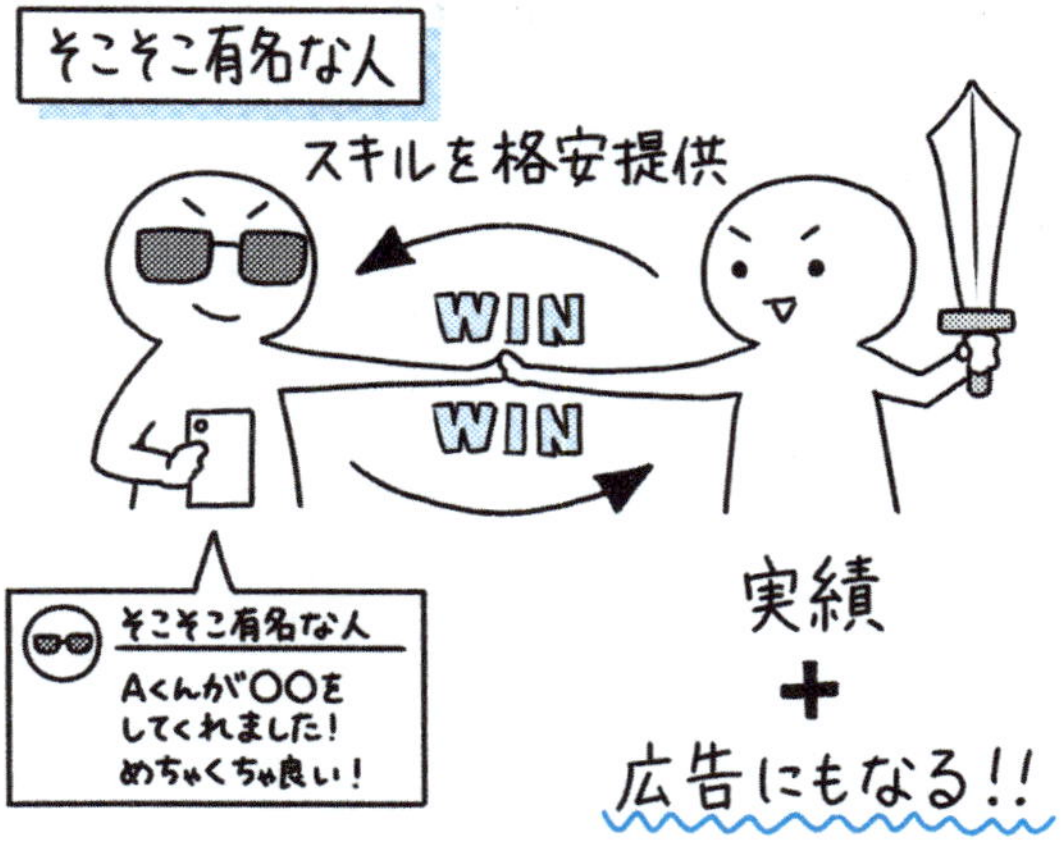

そこそこ有名な人に格安でスキルを提供することで実績を積むことができる

YouTuber側にしてみれば、動画を格安で（または逆に1000円もらって）編集してもらい、気に入ったら採用すればいいし、気に入らなかったらほかの人に編集し直してもらえばいいからデメリットはない。動画編集者側からしたら、格安で（または逆にお金を払ってでも）、「中堅YouTuberの動画編集を担当した」という実績をつくれる。お互いにWin-Winです。

「獲得したベーススキルを『収益化』する」という項目なのに、格安で仕事をしたり、こちらからお金を払ってまで仕事をしたりするのはおかしいのではないか。

そう感じる人もいるでしょう。

しかしこれは、いわば**「最初はお金ではなく信用を稼ぐ」**という考え方です。

フォロワー数が多いインフルエンサーやYouTuberの編集実績があることは、一種の信用となります。

会社員を経て独立する場合は、会社員時代の実績や人脈が大きな力になるでしょう。

一方、自らスキルを磨き、それを糧に収益化していく場合は、「下積み」がありません。格安の仕事で実績を積み、周りに自分の力を見てもらう過程がどうしても必要になります。しかしひとたび、Ｗｅｂで実績を積んでしまえば、その影響は一気に、全世界に及びます。初期に格安で仕事を受けることなんて、その広告費と考えれば本当に安いものです。

また、オフラインで仕事をとるチャンスは、朝会や異業種交流会といった場にたくさん落ちています。

一般的に、オンラインに強い人は「オンライン」で交流を深め、オンラインに疎い人は「オフライン」で交流を深める傾向にあります。自分が持っているスキルを持っていない人が集まる場は、新たなビジネスが生まれるチャンスにあふれているのです。

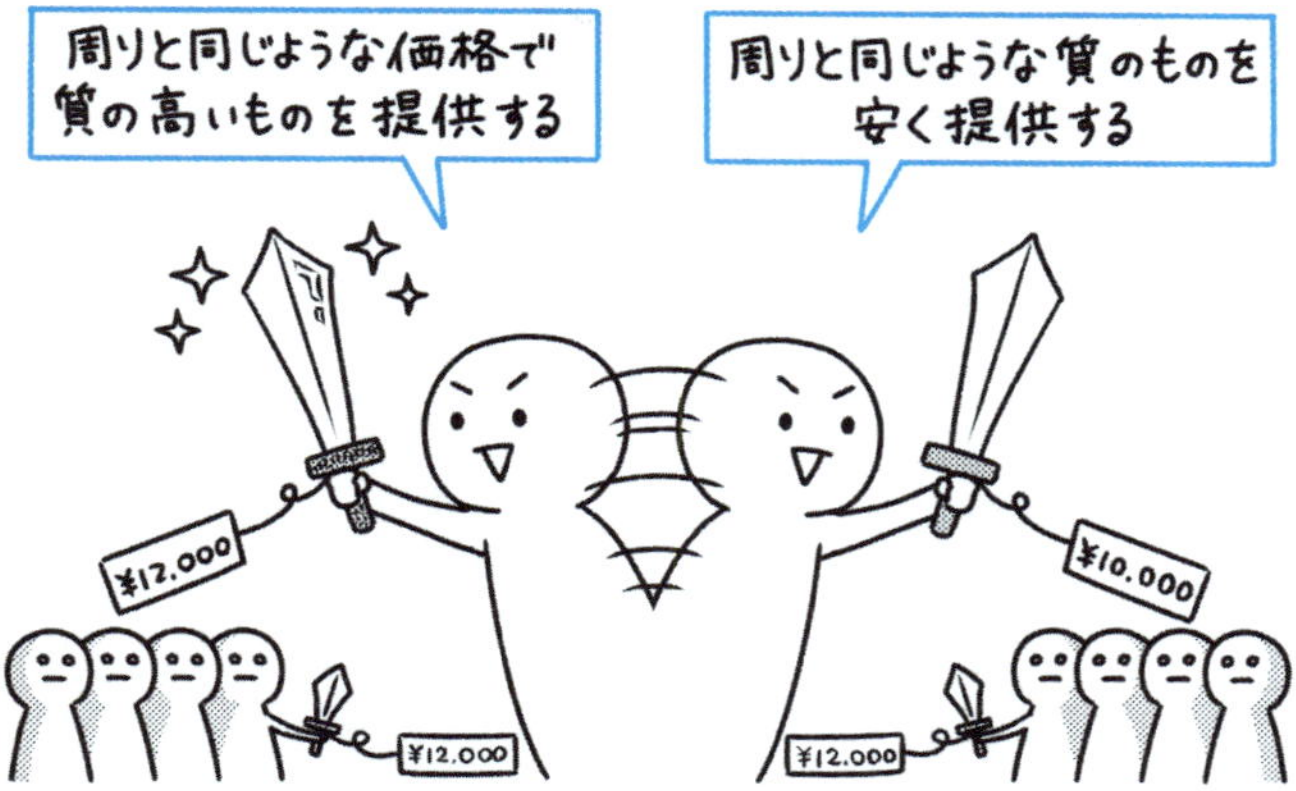
周りと同じような価格で
質の高いものを提供する
周りと同じような質のものを
安く提供する
¥12,000
¥10,000
¥12,000
¥12,000

仕事がとれないときは、ビジネスの原則を確認しよう

▼「価格」と「質」のバランスは適正か

なかなか仕事がとれない。そんなときは、自分の営業の仕方が「ビジネスの原則」に反している可能性があります。

ビジネスの原則は、

「周りと同じような価格で、周りよりも質の高いものを提供する」

あるいは、

「周りと同じような質のものを、周りより安く提供する」

のどちらかです。

周りより質の低いものを、周りと同じような価格で売ろうとしてはいないでしようか。あるいは、周りと同じような質のものを、周りより高く売ろうとしてはいませんか。振り返ってみましょう。

勘違いしやすいのが、ビジネスにおける「質」の考え方です。

受託系ビジネスにおける「質」とは決して、「どれだけ凝ったものをつくれるか」だけではありません。細部に気を配ってクオリティの高いものを納品するのはもちろんのこと、

・クライアントの要望に応えられるか
・仕事が速いか
・コミュニケーションが丁寧か

などの要素も重要になってきます。

クライアントの要望を超え、たっぷりと時間をかけて凝ったものを完成させようとするのは、もはや仕事ではなく、ひとりよがりな「趣味」の世界。相手の意に沿った

ものを、短い納期で提供できる人のほうが、ビジネスの「質」が高いと判断されます。

あなたに仕事を発注するクライアントは「自分の時間を節約したい」からこそ、外注するわけです。あまり凝りすぎず、短い納期で、「相手はこれを求めているのではないかな？」と感じるものを数パターン、サンプルとして提供できる人のもとに、仕事はたくさん集まるようになります。

▼「ステップ4」の金額目標は20万〜50万円

「ステップ1」では、

①月々の生活をギリギリまで切り詰めた場合の、必要最低限の生活費

②多少の贅沢ができる、「月々、これくらいあったらいいなぁ」と思う生活費

の2段階で必要収入を洗い出しました。

スキルを収益化する段階では、この必要収入の①を最低ラインに、②のレベルまで収入を上げられるのが理想です。

「生活費程度なら、自分のスキルでいつでも稼げる」という精神状態こそがセーフティネットとなり、「攻め」に転じる際の安心材料となります。

ちなみにここまでを振り返ると、「ステップ3」の自己投資の資金も「ステップ2」で稼いでいるわけですから、費用はいっさいかかっていない計算です。もちろん誰も雇っていませんから、赤字になるリスクもゼロ。**まったくリスクを負うことなく、「収益化」できるスキルを身につけていることになります。**

そのスキルも、需要の高いものを身につけていますから、稼ぐにあたっての再現性もかなり高くなっています。

ただし現状は、案件獲得の営業も、案件をこなす実働もすべて自分の時間を使って行っていますから、「そこそこ稼げるようにはなってきたものの、労働時間がかなり長い」という状態でしょう。

そこでここからは、自分の認知度を高めて営業にかかるコストを短縮したり、新たなサービスを始める際の見込み客をつくったりするための情報発信へと移行していきます。

ステップ5 SNSで「ライトな発信」をする

▼なぜ「発信」をする必要があるのか

自分の持つ力や、自分が持っているスキルを発信することは非常に重要です。

「ステップ4」までの段階では、スキルの習得とそのスキルの収益化に時間を使うことをメインに解説してきました。

ある程度スキルが伸びた段階では、「自分のスキルを必要としている人を探す」行為を効率化するために、SNSなどを活用して発信活動を行っていきます。

ブログやYouTubeなどを使った発信もやっていくとよいのですが、これらは少しハードルが高いので、まずはTwitterやInstagramを使ったライトな発信から始めて、

「情報発信」に慣れていきましょう。

情報発信をすることのメリットには、大きく3つあります。

発信のメリット1　仕事の報酬が「相場」より高くなる
発信のメリット2　「収益化」の機会が増える
発信のメリット3　「ファン」や「同志」が増える

それぞれ、詳しく見ていきましょう。

▼発信のメリット1　仕事の報酬が「相場」より高くなる

一般的な仕事の受発注は、ある仕事が発生したときに、「こんな仕事がありますけど、受けてくれる人いませんか？」と発注者側が発信し、受注者側が「できます！やります！　お願いします！」と名乗りをあげる形で仕事が成立します。

発信することで受注者側が有利になることができる

すると必然的に、発注者側がパワーを持つことになります。なんとしても仕事をとりたい人が複数いた場合、「相場は1000円のところ、私は800円でやります」「いや、600円でやります」という価格競争になり、発注者側は「いちばん報酬の安い受注者を選ぶ権利」を持つことになるからです。

しかし、仕事を受注しようとする側が積極的に発信することで、これとはまったく逆の現象が起きます。

「システムの開発ができます」「動画編集ができます」「デザインができます」とSNSで発信することで、複数の発注者が集まってきます。**すると「いちばん**

報酬の高い発注者」を選ぶ権利が、受注する側に生まれるのです。

そもそもSNSは、発信する人のもとに人が集まってくるシステム。発信すればするほど、集まってくる人に対するパワーを持つことになります。

収入を上げる原則は、需要と供給のバランスを見たときに、需要が高い場所に身を置くこと。そして、発信をすることで自分自身の需要を高めることができるのです。

▼発信のメリット2　「収益化」の機会が増える

「ステップ4」では、獲得したスキルを収益化しました。

しかしあなたの中には、スキルを習得するにあたって得た「経験」があるはずです。

スキルだけを収益化するのではもったいない。その「経験」も収益化するべきです。

たとえば、あなたが動画編集を学んで収益化に成功した実績があるとすれば、「動画編集のやり方を1時間3000円で教えます」といった個人指導のサービスを販売して収益化することも可能です。

ほかにも、プログラマとして転職に成功した経験をＳＮＳで発信しながら、転職相談にのるようなサービスを販売してもよいですね。

ＳＮＳ上にはいろいろな考えを持った人や、状況の違う人々がたくさんいます。半年前や1年前のあなたと同じ状況の人が大勢います。

「収入の額は価値提供の成績表」という考えに基づけば、あなたの経験を欲している人にその経験や知識を提供することは、収益を得るのに十分な「価値」があります。そこに需要があるのであれば、その需要に対して何かしらの価値を提供する方法を考え、実践してみましょう。

また、ＳＮＳをやっていると、需要というのが思わぬところに転がっていることに気がつきます。

ある大企業で事務職として勤めていた女性は、仕事の中で培った「パワーポイントの使い方」「エクセルの使い方」「プレゼン資料のつくり方」をTwitter上で発信していたところ、「これは役立つ」「あなたに資料をまとめるのをお願いしたい」「資料のまとめ方をもっと教えてほしい」と大きな反響を呼び、そのまま「資料づくりのコンサルタント」として独立してしまいました。

彼女にとっては、毎日普通に仕事でやっていたパワーポイントでの資料づくりですが、「まさか収益になるとは」と、彼女自身がいちばん驚いていました。

自分自身にとっては何てことのない「ありふれた経験」でも、受け取る人によっては「お金を払う価値のある経験」となる。そのようなことは実際にあるのです。

そして、その「誰かの悩みや潜在的な需要を見つけていって、価値提供を行い、うまく収益化をする」という行為は、今後あなたが何か新規事業をする際にも必ず生きてきます。SNSを使って、マーケット感覚を磨きましょう。

▼発信のメリット3 「ファン」や「同志」が増える

これが、いちばん大きなメリットかもしれません。

発信を続けていると、相手のほうからその発信を見つけてくれて、自分の人柄を理解した上でコンタクトをとってきてくれます。「こんな人とはわざわざ関わりたくない」という人は、はじめからコンタクトをとってきませんから、**自分の価値観を認めてくれて、応援してくれる「ファン」や、ともに人生を攻略しようとする「同志」と出**

会いやすくなるのです。

私自身はSNSで、「新しいことを常に学んでいる姿勢」や、「新しいことに挑戦している姿勢」を発信しています。もちろんそれは、私にとって「自然な姿」です。

そのため、SNSの発信を見た上で、私に「会いたいです」「迫さんのお話をもっと聞きたいです」と言ってくださる人の中には、向上心があり、知的好奇心が旺盛な人がたくさんいます。

そして、私自身が実際に会ってみたいと思う人物像も「向上心ある人」。発信を続けることで、「会いたい人に会いやすくなる仕組み」ができあがるのです。

このように、自分が出会いたい人や、気が合う人を自然に見つけてくれるツールがSNSなのです。

▼何を「発信」すればよいのか

「発信しろ」と言われても、何を「発信」すればいいの？　と感じる人もいるでしょょう。

基本的に自由でよいのですが、「自由にやれと言われてできるならば苦労しない」と言われそうですので、ここで私が考える、SNS初期の効果的な「発信」のテーマをまとめておきます。

①過去の作品集やスキルがわかるようなツイート
②過去の経験から得た体験談
③他の人に教えてあげると、役に立ちそうな情報
④自分の価値観の発信
⑤自分が最近挑戦していることの共有
⑥発信者自体にファンをつけるための、親しみをもってもらえるツイート

だいたいこの6テーマを回していけば、フォロワーがだんだん増えていくでしょう。

「①過去の作品集」と**「②過去の経験から得た体験談」**については、すでにお話しした通り。どんなに些細なものでも、仕事の種になり得ます。

発信する内容

① 過去の作品集やスキルがわかるようなツイート
② 過去の経験から得た体験談
③ 他の人に教えてあげると、役に立ちそうな情報
④ 自分の価値観の発信
⑤ 自分が最近挑戦していることの共有
⑥ 発信者自体にファンをつけるための、親しみをもってもらえるツイート

「3年前の自分にアドバイスするなら」と考えてみる

SNS初期の効果的な発信のテーマ6つ。
②や③に関しては3年前の自分にアドバイスすることを想定して考えるとよい

②や③に関して発信するときに助けとなるのが、「半年前〜3年前の自分にアドバイスすることは何かな？」と思いを巡らせることです。

世の中には、「自分の3年前の状態」にある人が驚くほど多くいます。そんな彼らに、「あなた自身が過去の自分にアドバイスしたいこと」は、とんでもなく突き刺さります。

もしも発信のターゲットが駆け出しエンジニアだとしたら、**「現役エンジニアから見た、プログラミングスクールの選び方」**なんてテーマ、いかにもウケそうではないですか？

「過去の自分の姿」は、ネタの宝庫です。

「④自分の価値観の発信」に関しては、私の実例をお話ししましょう。

私は以前、「お年玉は貯金するのがよいとされているが、お年玉は使ったほうがよいと思う」という内容を発信しました。

このように「一般論ではこんなことを言われているけれど、そうとも言い切れない部分があるよなぁ」と思うことを発信してみるのです。

「お年玉は使うべき」という私の発信の要旨は、「小学生や中学生のときに1万円分

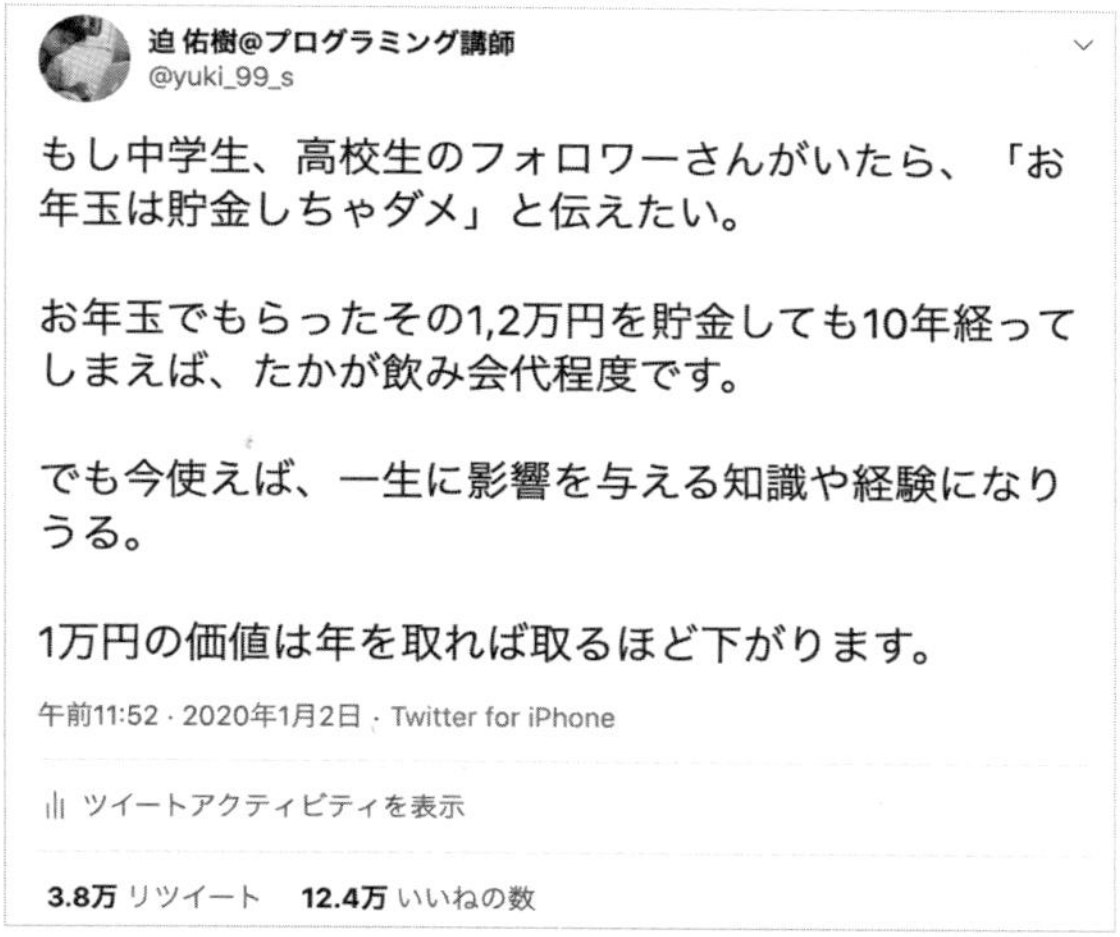
迫 佑樹@プログラミング講師
@yuki_99_s
もし中学生、高校生のフォロワーさんがいたら、「お年玉は貯金しちゃダメ」と伝えたい。
お年玉でもらったその1,2万円を貯金しても10年経ってしまえば、たかが飲み会代程度です。
でも今使えば、一生に影響を与える知識や経験になりうる。
1万円の価値は年を取れば取るほど下がります。
午前11:52 · 2020年1月2日 · Twitter for iPhone
ツイートアクティビティを表示
3.8万 リツイート 12.4万 いいねの数

私が自分の価値観について投稿した実際のツイート

を使えば、一生に影響を与える知識や経験になりうる。しかし、その1万円を貯金しておいたとしても、大人になってからは1万円なんて簡単に稼げるので、ありがたみが薄れてしまう。使うなら早く使ったほうがいい」というものです。まさに「自己投資」の重要性を主張したものでした。

自分としては、普段から疑問に思っていたことを発信しただけなのですが、「3・8万リツイート」「12・4万いいね」という大きな反響をいただきました。きっと、私と同じように「あのときのお年玉、有効に活用しておけばよかった」と考えた人が多かったのでしょう。

そして、私の価値観に共感してくれた人がたくさんフォローしてくれました。自分の価値観を発信するツイートは、ハマれば大きな爆発力を発揮します。

「⑤自分が最近挑戦していることの共有」は、フォロワーに「この人、口ばっかりじゃなくて、実際に『やる』人なんだな」と思ってもらうのに効果的です。

たとえば、私であれば「収入源を複数持つのが大事である」という価値観を発信するだけではなく、「新規事業でタピオカ屋さんを始めました」とか「新しいWebサービスをリリースしました」と、価値観の共有に加えてその価値観に沿った行動内容を逐一共有しています。

SNSでは、「口だけは達者だが、実際にはまったく行動していない人」が多く存在します。逆にいうと、そういう人が大半を占めるSNSの世界だからこそ、少し行動して結果を出すだけで周りに圧倒的な差をつけることができるのです。

行動を伴った発信をすることで、「発信」の説得力が格段に増すわけですね。

私のほかにも例を挙げましょう。

私の会社で提供している動画編集講座のMovie Hacks（ムービーハックス）を受講

Movie Hacks受講生アヤカさんの実際のツイート

した女子大生のアヤカさんは、学習開始からたった2週間で、ＳＮＳを通して案件をとりました。

「ＳＮＳで制作物を公開しながら、Twitterで毎日動画を投稿する」という地道な発信を愚直に繰り返したのです。

動画編集者はTwitterにたくさんいますが、多くの編集者は「仕事ください」というだけで、実力を証明する要素や行動のログをＳＮＳ上に残してはいません。それに対して彼女は、実力を示す制作物や、過去の努力をＳＮＳで発信していました。そのため、「完全未経験」から学習を始めてたった2週間という驚異的な早さで案件を獲得するに至ったのです。

最後に**「⑥発信者自体にファンをつけるための、親しみをもってもらえるツイート」**。

これは、いわば「おまけ」程度に考えていただければＯＫです。

あまり真面目なツイートばかりでは、「人間味が感じられず、とっつきにくい人だ」とフォロワーに思われてしまいがちなんですよ。

たまには真面目さを落として、人間味あるツイートも入れてみることをおすすめします。

▼「発信」は拙くてよい

「過去の作品集なんて、下手なものばかりだから発信するのは恥ずかしい」

「自分の過去の経験なんて、本当にありふれている。わざわざ発信するほどのものでもない」

「3年前の自分をネタに発信するにしても、もっと上手にやっている人がすでにいる」

「自分の考えなんて発信して、本当に共感を得られるのかなぁ」

こんなことを考えて、発信することに二の足を踏む人がたくさんいます。

私はこれを、とてももったいないことだと感じます。

私自身は、「初期の発信は拙くてもよい」と考えています。むしろ「拙ければ拙いほどよい」とさえ思うほどです。

だって、自分のいちばん拙い発信を全世界に向け発信してしまったら、あとは成長する一方、うまくなる一方ではないですか。

たしかに世の中、自分よりもっと上手な作品をつくり、自分よりもっと鋭い考えを発信する人はたくさんいます。

しかし彼らは、あなたのライバルでも、お客さま候補でもありません。

SNSのよいところは、いろんなレベルの人が混在している点です。仮に自分が100段階中で「20」のレベルであったとしても、その「20」のレベルに達していない人からしたら、あなたから学ぶことはたくさんあります。

もちろんあなたの発信は、いわゆるベテランと言われる、80レベルとか90レベルのスキルを持っている人にも届きます。彼らにしてみれば、あなたの発信は幼稚で、拙いものかもしれません。しかし彼らは、はじめからあなたの「ファン」にも「同志」にも「お客さま候補」にもなり得ない存在でしょう。気にすることはありません。

大事なのは、あなたのようなスキルを得たいと考えている全世界の人にもしっかりと情報が届いており、誰かに価値提供ができているという事実なのです。

そもそも、今まで何一つ発信をしてこなかった人が、自分の考えを全世界に発信しただけで、大きな一歩です。拙い、拙くないを考える前に、まずこの大きな一歩を踏み出した自分を褒めてあげましょう。

▼発信は「実名」がおすすめ。炎上は未然に防げる

発信は実名もしくは実名に近い名前で行うことを推奨しています。

実名での発信と、匿名での発信では、情報の説得力が違います。実名で発信するべ

きです。

実名で発信するメリットが大きいのに比べ、デメリットは限りなくゼロに近いといえます。


「いやいや、炎上したら名前に傷がつくではないか」

「友だちにバレたら恥ずかしい」

「アンチがついたらなんか怖い……」


そう考える気持ちもわかります。

ただ冷静にいろいろな事例を見てみると、炎上するような発信は、そもそも「発信した情報自体が悪い」ことがほとんどです。

「自分の親に見せても誇れるような情報の発信」「中学生・高校生などの未成年が見てもまったく問題ない発信」。この2つを心掛ければ、炎上することはそうそうありません。

具体的に避けるテーマは、

・極度の下ネタ
・政治に踏み込みすぎた発信
・宗教に踏み込みすぎた発信
・特定の誰かを見下す発信

といったものが挙げられます。いずれも、本項で紹介した発信をしていれば、とくに関わるようなテーマではないことがおわかりいただけるでしょう。心配しすぎることはありません。

「友だちにバレたら恥ずかしい」という悩みも似たようなもので、「そもそも友だちにバレて困るようなことを発信しているのが問題である」ということです。本当に良い情報を提供していると考えているなら、堂々と発信すれば良いのです。

友だちに見られて恥ずかしいような情報であれば、発信スタイルを変えることをおすすめします。

私の経験談として、仮にSNSで「意識高い発信」をしていても、それを見つけた友だちは案外、応援してくれるものだということを付け加えておきます。

あなたも、友だちが意識高く頑張っている姿をSNSで見つけたら、応援したくなりますよね？　それと同じことです。もし、あなたが挑戦している姿を見てバカにする友だちがいたとしたら、遅かれ早かれ話が合わなくなってきますので友だち付き合いを見直しましょう。

堂々と発信していれば、応援してくれる人は自然に増えていくものなのです。

▼「アンチ＝気の合わない人」がいるのは当たり前という価値観で発信すべし

さて、「炎上」は避けることができる一方で、「アンチがつく」ことは残念ながら避けられません。ただ同時に、アンチを気にしすぎることもありません。

あなたも小学生や中学生の時代、クラスの中にひとりやふたり、「ちょっとこの人とは気が合わないな」と思う人がいたでしょう。アンチはそのようなものだとお考えください。

私には現在、8万人を超えるフォロワーがいます。仮に40人クラスに換算するとし

クラスにひとりはいる合わない人→アンチ
「アンチは仕方ないもの」と割り切る！
「アンチ＝気の合わない人」。アンチは「つくもの」と割り切りましょう

たら、２０００クラス分。「クラスにひとり、性格的に合わない人がいる」と考えても、２０００人は「合わない人」が出てきてしまう計算です。これはもう、仕方のないことです。

クラスの全員と仲良くできる人はそういません。アンチは「つくもの」と割り切りましょう。もしも気になるようであれば「ミュート」すればそれでOKです。

アンチを気にするのではなく、「現実世界にもネットの世界にも、気の合わない人や考え方が違う人がいる」と考えることが大事なのです。

ステップ6 ブログやYouTubeで「ヘビーな発信」をする

▼考えの「背景」を発信してファン・同志を増やす

「ライトな発信」がSNSがメインだったのに対し、「ヘビーな発信」はブログやYouTubeを想定しています。

「ステップ6」では、より「濃いファン」や「濃い同志」を増やしたり、別の集客ルートを開拓して仕事がくる量を増やすべく、SNS等で「いいね」や「リツイート」が多かったテーマを深掘りして発信します。

Twitterには「1ツイート140文字」という文字制限があり、ひとつのテーマを深掘りして発信するのには向きません。たとえば、前項で例に挙げた「お年玉は貯金するのはもったいない」というテーマも、自分の考えていることを単刀直入に発信することはできますが、「実際に私はお年玉を何に使ったのか」「どんな経験ができたのか」「それが今の人生にどう活きているのか」を深掘りすることはできません。

その点、ブログやYouTubeには多くの情報を詰め込めます。ブログで詳しく書き記すことも、YouTubeで10分くらいにまとめて話すこともできるでしょう。**「考えの一端」だけでなく、「その考えに至った背景」までを発信することで説得力はより増し、「濃いファン」「濃い同志」も集まりやすくなります。**

▼「圧倒的ギブ」が正しい

Twitterやブログ、YouTubeで情報を発信していると、たまに、

「なぜ、こんな有益な情報を無料で発信しているんですか？」

と質問を受けることがあります。

一方で、発信する側に立ったあなたも、自分が発信することに関して**「こんなに貴重な情報を無料で発信するなんてもったいない」**と思う部分があるかもしれません。

私は、有益な情報は出し惜しみせず、ガンガン無料で発信するべきだと考えています。

「ステップ4」でも少し説明した通り、「誠実なビジネスは世の中全体を潤す」「自分が豊かになる最短の道は、自分自身が誠実なビジネスをすることである」と信じているからです。

まずは自分が誠実に、周りに有益な情報を提供すれば、それが巡り巡って、自分が有益な情報を得られる。そう信じているから、情報をどんどん発信しているのです。

無料で価値を提供し続ければ、お金はあとからついてきます。ケチケチせずに、情報をガンガン提供しましょう。あなたが提供した情報で、人生がよい方向に進む人がひとりでもいれば、それは大成功です。そして、その流れは巡り巡って、いずれ必ず自分に戻ってきます。

▼発信媒体を増やすことで、さらに収益化の幅が広がる

ブログやYouTubeでそこそこの影響力がついてくると、「自分が本当におすすめするサービスを紹介することで紹介料をもらう」といったことができるようになってきます。

長文のブログを読んだり、何分も時間をとってあなたのYouTubeを見てくれたりする濃いファンなので、あなたが本当におすすめする商品を紹介すれば、少なからず購入する人が出てきます。

ただし注意してほしいのが、「紹介料や広告料目当てで、粗悪な商品を紹介してはいけない」ということです。

今ここでは、あなたは読者に価値提供をし、ファンをコツコツ増やしている状況です。

そんな中、わずか数十万~数百万円の広告料のために、読者に粗悪なものを売りつ

けるのは得策ではありません。

商売の原則は「価値提供の対価としてお金をもらう」こと。これは何があっても、頭の片隅に置いておきましょう。

ブログやYouTube等で広告費をもらうのも、よい商品さえ紹介すれば、

・企業側は商品を多くの人に使ってもらうことができる
・読者はいい商品に出会えて満足する
・発信者はいいものを紹介しながら企業から広告費をもらえる

という三方よしの状態をつくれます。常に価値提供をして、その対価としてお金をもらうことを意識していれば、大きく失敗することはありません。

私はプログラミングに関して、ブログの中で次のような発信をしていました。

・勉強する中で躓いたポイントはどこか

・どんな教材が有益だったのか
・どんなプログラミングスクールに通ったのか
・そのプログラミングスクールを選んだポイントはどこか

そういったひとつひとつの「経験」もまた、発信のネタになるし、収益化の材料となります。

私は収益化のひとつとして、ブログ内で自分が学んだプログラミングスクールの体験談を書くことで、広告費をもらっていました。

月に100人以上プログラミングスクールに対して送客しており、1人送客するごとに1万円の広告費がもらえる契約です。ブログから生まれる広告費だけで、収益は月100万円を超えていました。

発信を通して仕事をとることはもちろん、広告での収益化や、転職相談サービスをフォロワーに向けて提供するなど、自分のサービスを持ちつつ、その販売にうまくつなげて、収益化を行いましょう。

▼「ステップ6」の金額目標は30万〜50万円

ある程度軌道に乗れば、ブログやYouTubeからもらう広告費だけで月に30万〜50万円を稼ぐことは難しくありません。

さらに、発信活動をしていることによる、仕事をとる際の営業コストの削減によって、少しずつ時間的自由も手に入るようになってくるでしょう。

この「発信」というスキルをうまく身につけると徐々に、「お金を稼ぐこと」自体が楽になってきます。

私の会社のオンラインスクールを受講し、プログラミングとブログ運営と動画編集を学んだ受講生も、うまくそれらを活かし、営業なしで、単価150万円のWebアプリ開発案件を受注しています。

しかも自分でスキルを身につけてから仕事をとるまでに、たった3カ月しかかけていません。それでも最終的に、ここまでの高単価案件をとることに成功しています。

「スキルを持った上で発信する」。この破壊力は凄まじいものがあります。

150万円の案件ほぼ決まったおおお！

今までで最高単価

少し嬉しくて呟きました

あれもこれも迫さん(@yuki_99_s)
のおかげ

まだまだ頑張ります！！

午後9:35 · 2020年6月24日 · Twitter for iPhone

1 リツイート　**244** いいねの数

深夜だから呟きますけど
実は今回の150万の案件

営業してません

向こうから提案してきました。
なので繋がりってめっちゃ大事。
信頼ってめっちゃ大事。

と思った1日でした。

午前2:57 · 2020年6月25日 · Twitter for iPhone

32 いいねの数

営業なしで単価150万円の案件を獲得した受講生の実際のツイート

ステップ7 一部作業を「外注化」して仕事量を減らす

▼いかにして、自分が動かずに売上を伸ばすか

「金銭的な自由」「時間的な自由」「精神的な自由」「身体的な自由」のすべてを実現する「人生を攻略した状態」を手に入れるためには、事業の「外注化」「自動化」「分散」は避けて通れません。

「ステップ4」までは、自分のスキルを高めて収入を増やしていくフェーズ。そして、「ステップ5」と「ステップ6」の発信活動によって、「収入源の分散化と営業コストの削減」を行ってきました。しかし、いつまでもそのフェーズにとどまっていては、収入額はいずれ頭打ちになりますし、もしも事故や病気で長期休養を余儀なくされた

場合、収入が一気にゼロになる危険すらはらんでいます。
「ステップ7」～「ステップ9」で、事業の中で「自分が動くことで初めて達成できる部分」を減らし、「自分が1秒たりとも動かずに売上が伸びていく状態」をつくり上げていきます。ここからは、フリーランス的な思考よりも、経営者的視点が多くなってきますが、「ステップ6」までたどり着いた人であれば、難なくクリアできると思います。

▼「そんな稼ぎ方で、億にいく未来は見えているの？」

私自身、「外注化」「自動化」「分散」の大切さに気づかされたのは、エンジニアとして働き始めてブログもある程度軌道に乗って、しばらく経ってからでした。

当時の私は、月の収入が200万円ほど。企業から依頼を受けてマッチングアプリやLINEのBotを開発したり、ブログを頑張って更新してプログラミングスクールから広告費をもらったり、サブで更新していたダイエットブログが読まれるようになってきたりと、それなりに充実感を覚えながら仕事をしていました。

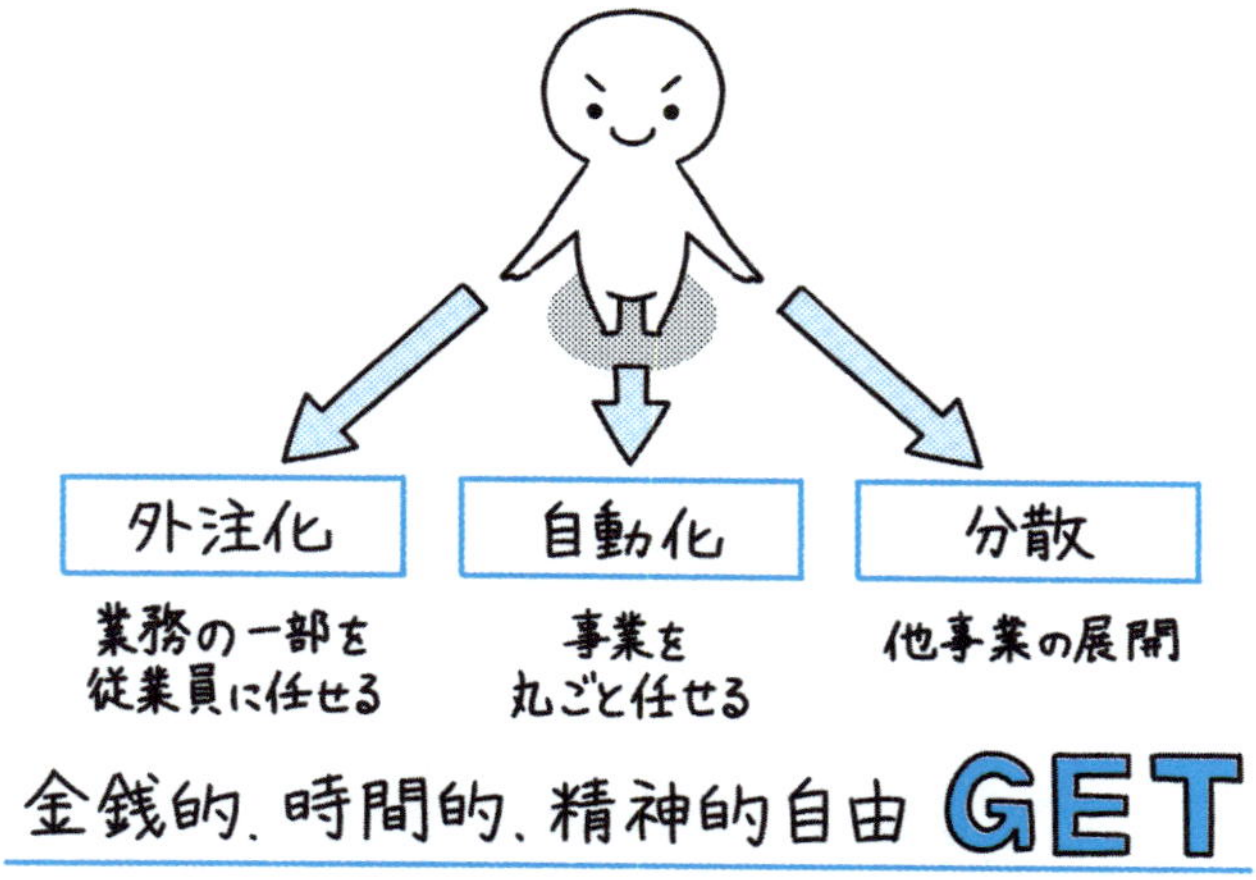

「人生を攻略した状態」を手に入れるためには事業の「外注化」「自動化」「分散」が必須

そんなとき、年間売上が3億円ほどの経営者の話を聞く機会に恵まれました。

その経営者は、私が普段入っているオンラインコミュニティのゲスト対談企画でたまたま呼ばれていた方です。当時の私からしたら収入額が桁違いに多く、エピソードが異常に面白かったのを覚えています。とくに「学習塾を経営していて、年間の利益が億単位で出ている」というエピソードは、当時の私からしたら大きな衝撃でした。

「月収100万円突破!」と喜んでいた私は、「自分はまだまだだな」と思い知ったのです。ゲスト対談で画面越しに見ていただけですが、未知の世界を見せら

そんな稼ぎ方で
将来 億にいく
未来は見えているの？
!?
年商3億円の経営者からの衝撃の問いかけ

れている感覚がありました。

どうしてもその経営者と直接話をしてみたかった私は、Twitterでその経営者とつながっていそうな人に連絡を取り、実際に会う約束を取り付けました。

その経営者は、会って私の収入状況を聞くなり、

「そんな稼ぎ方をしていて、君は将来、億にいく未来は見えているのか？」

と問いかけてきました。

今思い出しても、なかなかに衝撃的な

出会いでした。

▼自分がいなくても回る「仕組み」をつくる

彼の問いかけは続きます。

「君が前に受けたアプリの開発報酬はいくら？　どれくらいの時間をかけた？」

「145万円です。かかった時間は……5時間×60日ほどで、合計300時間ほどでしょうか」

「だとしたら、時給は5000円くらいだね。これを続けていたらこの先、運よく時給1万円の仕事がくることはあるかもしれない。それでも、月に200万円くらい稼ぐのが限界だろう？　月1000万円に到達しようと思ったら、時給10万円ほどで稼ぎ続ける感覚が必要になる。でも現実に、時給10万円をエンジニアに払ってくれるクライアントなんて少ない。もっと安く、質の高い仕事をしてくれるエンジニアはたくさんいるからだ。いいかい？　自分で手を動かしているだけでは、収入に限界が来てしまうんだよ」

彼は出会っていきなり、自己紹介もそこそこに、私に「外注化」「自動化」「分散」の大切さを諭したのでした。

「月商1000万円を目指すなら、自分がいなくても回るような仕組みをつくることだ。君が必死にプログラムを書いて、ブログを書いて得る100万円と、君がいなくても仕組みが回って売り上げる100万円とでは質が違う。君がいなかったらゼロになってしまう100万円と、君がいなくてもしっかり売上として立つ100万円の違いだ。仕組みをつくって回せるようになれば、月商1000万円、年商1億円も見えてくるよ」

▼年間10時間の労働。「広告と従業員への外注」で年間億稼ぐ

「ここまで言う当のその経営者は、どれだけすごいビジネスをしているんだ?」と気になりますよね。

それが実際、すごいのです。

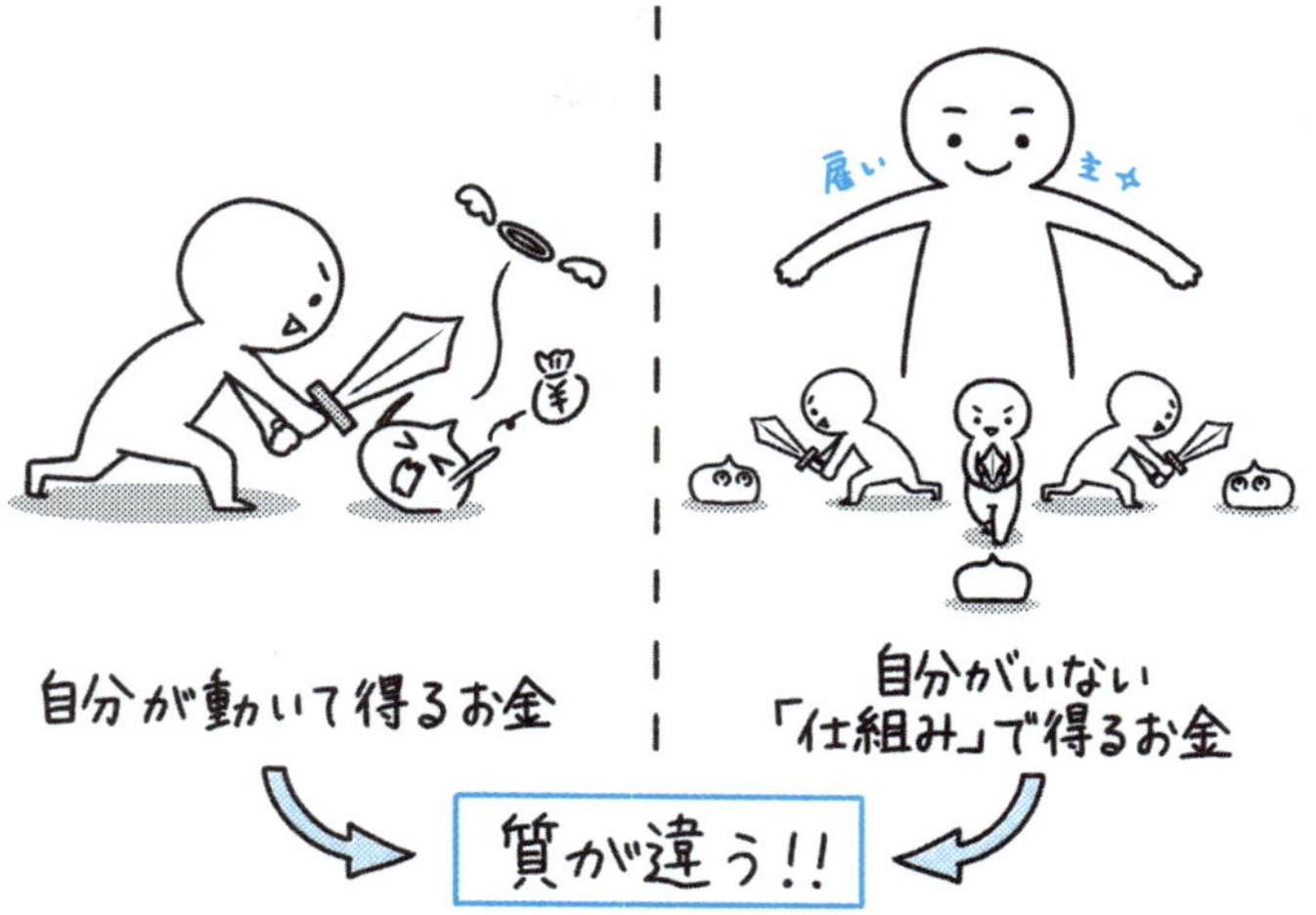

自分が動いて得るお金と仕組みで得るお金は同じ金額でも質が違う

彼の主要事業は学習塾の経営。その学習塾の経営を、広告とスタッフへの外注ですべて自動化しているのです。

彼が実際に学習塾の経営のために稼働する時間は年間10時間ほど。にもかかわらず、その塾の利益は1億円を超えています。時給換算すると1000万円という数字になります。

なぜ、このようなことが可能なのか。

彼は受験勉強に関するYouTube動画を持っています。

そしてYouTubeの動画は、広告にかけることができます。1再生あたり約5

円で視聴者を集めることができるのが、YouTube広告の仕組みです。つまり、広告費を500万円投入すれば、100万回の再生が買えるわけです。

仮に5000万円の広告費を投じると、のべ1000万人の視聴者を集めることができます。

1000万回広告の動画が視聴されたうち、その学習塾に0・01％の人が興味を持ち、説明会に参加したとしましょう。その時点で、1000人が入塾説明会に足を運びます。

そして、入塾説明会に参加した人のうち3割の人がその学習塾に入塾するとすれば、300人の入塾者を獲得することができるのです。

「5000万円の広告費をかけると300人の入塾者を獲得することができるシステム」のできあがりです。

彼の学習塾の年間授業料は約100万円。つまり、300人が入塾すると3億円の売上が発生する仕組みです。塾を運営する塾長と塾に勤務するアルバイトに人件費を払ったり、教材開発費を差し引いたりしても、年間1億円以上の利益が残る計算です。

入塾希望が集中する時期は3〜4月。ここに照準を合わせて、5000万円の広告費をかけて動画を流す。それだけで、年間1億円以上の利益が確定する。彼はこの仕組みを、ぐるぐると回し続けているのです。

彼の仕事は基本的に、次の2つだけです。

- **従業員にしっかり給与を払い、広告にお金をかけてそれ以上の売上・利益が出る仕組みを整える**
- **1〜3月に、受講生の体験談や合格実績をスタッフにまとめてもらい、それをもとにYouTube広告で使う予定の動画を撮影する**

「1年間の労働時間は、10時間くらいかな」と彼は笑います。

ただ、これは彼なりの「謙遜」です。

彼は「一年のうち10時間働くだけで回る仕組みをつくりあげた」だけで、決して「一年のうち10時間しか働かない」わけではありません。残りの時間は、新しいマーケティング施策を学んだり、新しいビジネスをつくったりすべく勉強を重ねています。

「仕組み」は最低限の労働時間で回せば、余った時間を「付加価値を高めるための研究」に充てることもできる。いわば「本当に時間を使いたいことに使える」わけです。そして彼は、「広告と外注で事業を回す」という同じビジネスモデルを使い、学習塾だけでなく、事業をいくつも展開しています。

まさに「外注化」「自動化」をフル活用し、「金銭的な自由」「時間的な自由」「精神的な自由」「身体的な自由」を手に入れている成功例といえるでしょう。

▼まずは小さな外注にチャレンジしてみよう

「自由度の高い人生」にぐっと近づく、「外注化」「自動化」。そのファーストステップが「外注化」です。

先ほど紹介した経営者のように、「年間10時間の労働で1億円を稼ぐ」というレベルの外注化のハードルは高いので、まずこのステップでは小さな外注化を意識しましょう。

具体的にいうと、自分が回している仕事の中で、「誰がやっても結果が変わらない仕

事」を外注してみることをおすすめしています。

私の場合は、ブログの問い合わせ対応や、プログラミングのオンライン講座に申し込んでくださった人の銀行振込の入金チェックなどを外注スタッフに任せることから始めました。

私自身がそうであったように、フリーランスから起業家になった人は、「自分で働いてしまいがち」です。

しかし、「自分でやる」から「人に任せる」に思考をシフトしていくと、一気に経営者としての視野が広がり、働き方の自由度も増していきます。

外注化といっても難しいことではありません。お金を払ってあなたの仕事を誰かにやってもらう、それだけです。

▼自営業者が陥りがちな「セルフブラック現象」

「セルフブラック現象」という言葉をご存じでしょうか。

経営者や自営業者にありがちな現象で、自分が働きすぎて、気づかぬうちに自分自身に強いストレスをかけてしまうことです。

私自身も、セルフブラック状態に陥っていた時代がありました。

プログラミング案件をこなし、Twitterを更新し、ブログを更新し、オンラインスクール用の動画を撮り、メールマガジンを書き、受講生の質問対応を行い……と、連日16時間以上働いていたことがあったのです。

そのような生活を送る、当時22歳の私に何が起こったか。

円形脱毛症です。

お正月、実家に帰ると親から、「あんたハゲてるよ！」と一声。

冗談だろうと思って鏡を覗くと、円形脱毛症になって本当にハゲていたのです。

自由になるために起業をしたのに、働きすぎでストレスがかかっていては本末転倒です。

経営者は、なるべく動かずに少ない労働時間で収益を生み出すのが美徳であるという考えのもと、まずは小さなところから外注化を進めていきましょう。

ステップ8 自分の仕事をゼロにして事業を「自動化」する

▼「外注化」と「自動化」の違い

「外注化」「自動化」のファーストステップとして、「ステップ7」では、「誰がやっても結果が変わらない一部の仕事」を外注しました。

続いて「ステップ8」。自動的に売上が上がり続ける仕組みをつくっていきます。

「外注化」と「自動化」の違いは、次の通りです。

外注化……誰がやっても結果が変わらない「事業の一部分」を人に任せる

自動化……「事業そのもの」を人に任せる

いわゆる「事業責任者」を立て、自分が動かずとも回る仕組みをつくるのが「自動化」のステップです。

独立したてのころは、私が自分でプログラムを書き、ブログを書き、オンラインスクールを運営し、問い合わせ対応をし、オンラインスクール受講者の入金突き合わせチェックを行っていました。これが「ステップ6」までの状態です。

「ステップ7」では「外注化」として、誰がやっても結果が変わらない仕事である問い合わせ対応や入金突き合わせを人に任せました。

「ステップ8」ではさらに、たとえば「オンラインスクール事業そのもの」を人に任せてしまうという状態に突入するということです。

また、事業をつくるにあたって広告費なども投入し、お金の力で労力や手間を減らせることにお金を使いながら、効率よく事業を進めていきます。

▼知識共有プラットフォーム「Brain」も自動化の賜物

私は2020年1月、Web上の知識共有プラットフォーム「Brain」というWebサービスをリリースしました。

この「Brain」の立ち上げも、開発および運用に関しては完全に自動化をしており、うまく機能してくれました。

私は、まずプロジェクトマネジャーにお金を払って、おおよその作りたい機能やコンセプトを伝えた上で、プロジェクトの進行を任せます。

するとプロジェクトマネジャーは、「この工程はAというエンジニアに担当してもらおう」「この工程はBというデザイナーにお任せだな」と、各工程の担当者を決め、仕事を振りながら、その仕事の進捗管理もしてくれます。

私の仕事は、彼が管理してくれている進捗の報告を聞く「週1回、15分のミーティング」と、「完成した生産物を拡散すること」。信頼しているプロジェクトマネジャーが期待に応えてくれたこともあり、正直、私の手間をほとんどかけずにサービスをリリースすることができました。

「自分が何もしなくても、既存の事業が回り、売上が上がる」ばかりでなく、「Brain」のように「自分が何もしなくても、新規事業が育ち、売上が上がる」状態にもっていければ、かなり心強くなります。

実はタピオカ屋さんや美容室も基本的には同じモデルで、事業責任者を雇用した上で、その人に任せるスタイルをとっています。私は大まかな方向性を決めて、お金を振り込んでいくのが仕事になっている形です。

また新規Ｗｅｂメディアの構築なども、優秀なＷｅｂディレクターに丸ごと依頼する形式で仕事を進めています。こうすることにより、実は自分自身はそこまで働いていないにもかかわらず、すごいスピードで事業が回るようになっていくわけです。

▼自分の媒体から信用できる人を集めて事業を任せる

ただし、「自動化」にはもちろん、「人」の問題がついて回ります。

能力的に劣る人に事業責任者やプロジェクトマネジャーを任せてしまうと、自動化どころか、事業そのものが存亡の機に瀕してしまうからです。

そこで、大事になってくるのは、ここまでに紹介した「ステップ4」～「ステップ5」のプロセス。「自分が手を動かして稼いでいた時代」に、いかに腕がよく、仕事の価値観を共有できる人に出会えるかが重要になります。相手がどのような仕事をするのかがわかっていれば、任せることに対する不安は小さくなるでしょう。

「優秀な人に任せたいのはもちろんだけど、優秀な人に任せっきりでは、事業を乗っ取られたりしないかな……？」

そのような不安は、「ステップ5」～「ステップ6」を踏むことで解消できています。

そう、すでにあなたの周りには、あなたの価値観に共感してくれた「濃い同志」が集まっている状態なのですから、妙な「裏切り」に遭う確率は限りなく低いのです。

私のスタッフも、私の発信に共感してくれている人たちが集まっています。また、価値観が同じ人同士が集まっているので、意思疎通も図りやすくなりますし、組織内での「人対人」の問題も起きにくくなります。何より、私が常に「発信しましょう」という発信をしているため、みんな「発信している人」の集まりとなり、こちらも「どのような人か」がつかみやすくなります。

「ステップ5」〜「ステップ6」でお話しした「発信」の効果をおわかりいただけたでしょうか。発信は、広告費で稼ぐ以外にも、強力なツールになるのです。

ステップ9 事業を「分散」する

▼ひとつの事業への依存は危険

「人生攻略ロードマップ」も、いよいよ「ステップ9」まできました。
事業の「分散」です。

2020年のコロナショックでは、さまざまな起業家たちが「ひとつの事業に依存することの脆さ」を思い知らされました。

とくに大きな打撃を受けたのは、飲食店単体で経営していた人たちです。飲食店は「日々、お客さまからいただく売上」を運転資金として回しているところが圧倒的多数ですから、ひとたび休業となると、「家賃」「人件費」が重荷となり、経営が苦しくなるお店が多く出たのです。

あなたが「ステップ9」にたどり着くころにはもう、複数の事業を運営できるだけの資金、人脈、外注化や自動化をするためのスキルが備わっています。リスク回避の観点でも、「金銭的な自由」「時間的な自由」「精神的な自由」「身体的な自由」を永続して手に入れるという観点でも、複数の事業を持つべきです。

▼基幹事業とは違う業態へ手を広げる

「事業を分散させよう」「事業を増やそう」とすると、どうしても「基幹事業とのシナジー効果」を求めがちです。

たしかに、はじめのうちは、「自動化モデルを増やす」「売上をより伸ばしやすくする」ためにシナジー効果を求める方向性も間違いではありません。ただ、リスク回避の観点からは、あまり基幹事業に縛られずに事業を広げていくほうが無難ではあります。**「コケるときは、すべてコケる」危険をはらんでいるからです。**

私自身は、「オンラインスクール事業」「飲食店や美容室などの実店舗系事業」「物販系事業や通販系事業」「Webサービスの運営事業」という4種類の事業を運営しています。

「オンラインスクール事業」と一括りにしていますが、その内容は多岐にわたります。最初はプログラミングスクールをつくり、軌道に乗ったところで横展開をして、動画編集スクール、デザインスクール、フロントエンドプログラミングスクール、アニメーションスクールと広げていきました。まさに「基幹事業とのシナジー効果」を求め、売上を伸ばしやすくする広げ方といえるでしょう。

しかし、さらにそれらが軌道に乗った後は、「物販系事業」「美容室」「飲食店」という、それまでとは完全に違う業態へ事業を広げていきました。

ただ、業種は違っても、ビジネスモデルの根本は「オンラインスクール事業」も「物販系事業」も「美容室」も「飲食店」もすべて同じ。「オンラインスクール事業」で成功したモデルを、他業種に持ち込んだにすぎません。**「他社よりもよい商品を、他**

社よりも安く提供できる仕組み」をつくり、さらに「他社よりも安く顧客を獲得する」という、ただそれだけです。

▼コケたときに総崩れしないように事業領域がかぶらないジャンルをやる

先ほども少し触れたのですが、ここで大事になってくるのは、「すでに持っている事業と領域がかぶらない事業を持つ」ことです。

たとえば、「オンライン系の事業」を持っているのなら、次は実店舗の飲食店という「オフライン系の事業」を持つ。「飲食店のような仕入れが必要な事業」を持っているのなら、次は美容室のように仕入れが不要なビジネスを持つ。このように、すでに持っている事業に足りていないものを補完する形で事業を増やしていくと、不測の事態が起きても盤石の体制を築けます。

「馴染みのない業界の事情はよくわからない……」。そんなときに頼れるのはやはり、

「濃いファン」や「濃い同志」です。

「ステップ5」〜「ステップ6」でしっかり発信をすることにより、困ったときに話を聞いてくれたり、力を借りたりできる味方が増えます。そして、「ステップ9」までくるころにはあなたの能力やスキルもかなり高くなっているため、魅力的で優秀な人と多く出会うことができるでしょう。

▼「資産運用」より「事業への投資」を重視する

「ステップ10」に移る前に、「資産運用」と「事業への投資」について、私のスタンスをお話しさせてください。

少しでも現金が貯まると、すぐに資産運用を考える人がいます。しかし私は、その考え方に賛同しません。

資産運用で得られるのは、年間5%ほど。1億円持っていても、1年間でたった500万円にしかなりません。1000万円だったら50万円です。

しかし事業に投資すれば、1000万円を元手に、1年間で1000万円を稼ぐのも現実的な目標となります。いわば、年利100%の投資をしているのと同じです。

現に私が2020年1月、滋賀県にオープンしたタピオカ屋さんは、初期投資に600万円ほどかかりましたが、初月の利益は150万円を超えました。

また、弊社で開発をしているWeb上の知識共有プラットフォーム「Brain」というアプリは、リリースまでにかかった開発費が700万円でした。そして、そのアプリの初月の売上はなんと4000万円。私の手元に残る利益は6000万円を超えました。開発費用を、ほぼ1カ月で回収したのです。さらなる追加機能の開発やサーバの増強で、リリース後にも費用がかかったため、厳密には1カ月で回収することはできませんでしたが、事業投資の効率のよさに変わりはありません。

資金を効率的に回転させることを考えたら、事業に投資をしたほうがよっぽどよいといえるでしょう。


ここで私の歩みを足早に振り返ってみます。

ステップ1〜ステップ9までの私の歩み

まず奨学金で種銭を得て、プログラミングスクールに通いスキルを磨きました（ステップ3）。

そのスキルで稼ぎ（ステップ4）、SNSやブログを通じて全世界の人に自分のスキルや経験、考えを発信（ステップ5〜ステップ6）。そして「自らが手を動かし、稼ぎ続ける」形から「人に任せ、事業を外注化・自動化・分散する」という形へとスタンスを変え、オンラインスクール事業を運営（ステップ7〜ステップ8）。そこで出た利益をさらに、安定化のために物販系事業・美容室・飲食店へと投資しました（ステップ9）。

「ステップ9」に至るころには、あなたの手元には潤沢な資金があるばかりでなく、あなたが仕事を任せてきた人も十分に育っているはずです。

せっかく、ともに成長してきた人を活かさないのはもったいない。事業を広げながら、育った人をどんどん責任あるポストに任命し、お互いにより大きく成長するほうが楽しいではありませんか。

これもまた、私が「資産運用」より「事業への投資」を重視している理由です。

「ステップ10」で行う資産運用は、余剰資金を銀行に預けておくくらいなら資産運用したほうがよい、くらいにお考えください。

ステップ10 余剰資金を「資産運用」する

▼資産運用は、守りであると理解すべし

資産運用は「資産を増やすため」のものではなく、「資産を守るため」のものです。

「資産運用で一発逆転」なんてありえません。利回り5％程度で、安定した不労所得を得るためのものであると考えましょう。

「資産運用でコツコツ資産を増やしながらセミリタイヤを目指す」という人も中にはいますが、私はそのようなことをするくらいなら、事業投資をしたほうがよっぽどお金が増えると考えます。

ちなみに、本書で私は何度も、「資産運用の利回りを5％と考えると……」と述べてきました。

なぜ私が「資産運用の利回りは5％」と考えているのか。

それは、「5％」くらいが現実的な数値だからです。

「S＆P 500」という指標をご存じでしょうか。これはアメリカの代表的な500銘柄の株価をもとに算出される株価指数です。過去100年の平均をとると、毎年、9・5％ほどのリターンが期待できることが見えてきます。コロナショックで一時的に数値を下げていますが、過去100年、戦争があってもリーマンショックがあっても、平均9・5％の成長を続けてきた株価指数です。今後もほどなく回復すると私は見込んでいます。この数値を見ても、この「S＆P 500」に連動する投資信託を購入すれば、年間平均5％のリターンを資産運用で得ることは可能です。

そして私は、資産運用に回した際にお金が増えることが実感できるのは、「資産運用に回す元手が6000万円を超えたあたりから」と考えています。

仮に6000万円を年利5%が期待できる商品で金融運用すれば、リターンは1年あたり300万円。株式投資で得た利益には約20%の税金がかかりますから、税引き後の手取りは240万円となります。

つまり、1カ月あたり20万円。完全な不労所得としては、悪くない額でしょう。

ちなみに、「ステップ9」までクリアできれば、「ステップ10」がクリアできるのは時間の問題です。ほぼ何もせずに売上と利益が上がり、時の経過とともにお金持ちになる仕組みを持ってしまっているわけですから。

「ステップ10」までいけたとすれば、次のような状態が手に入っていることになります。

資産運用からの収入が月に20万円ほど入ってくる
↓
もし投資に失敗しても
↓

「ステップ9」までに築き上げた複数の事業からの収入がある

↑

もしその事業がダメになっても

↑

SNSが育っているので知り合いから仕事を受注することができる

↑

もしSNSがダメになっても

↑

「ステップ3」で培ったベーススキルがあるから食いっぱぐれることはない

このように、安定しながら自由度が高いという状況ができています。

すべての仕組みや事業がうまく回っていれば、あとは寝ているだけでどんどんお金持ちになってしまいます。

これが私の考える「人生攻略ロードマップ」のゴールです。

第3章

モチベーションを高め、「お金持ちループ」に入る

最後のキーワード「モチベーション」

▼「やりたくないことリスト」をつくる

ここまでで、私が重要視している価値観と、自由度の高い人生を手に入れるための「人生攻略ロードマップ」のすべてをご紹介しました。

しかし、よくあるのが、「やり方はわかったけれど、モチベーションが続かなそう」という悩みです。

そこで本項では、モチベーションを保つ有効な方法をお伝えします。

モチベーションの壁を乗り越え、適切な行動をし、「お金持ちループ」に入ってしまえば、あとはかなり楽に売上や利益を伸ばしていくことができます。

多くのビジネス書には、成功法則として「やりたいことのリストをつくろう。すると叶う」と書いてありますが、私はすでに述べた通り、「やりたいこと」を思い描くことにさほど大きな意味を感じません。

どちらかといえば、重要なのは「やりたくないこと」だと私は考えます。

実際、私は過去に「やりたくないことリスト」をつくったことがあります。

その一部をご覧ください。

【やりたくないことリスト】

- スーツを着て仕事をしたくない
- 通勤電車に乗りたくない
- 美味しいものを食べられないのは嫌だ
- 誰かにやらされてやる仕事はしたくない
- 毎月同じようなことはしたくない
- 忙しすぎるのは嫌だ

・資産にならない仕事は嫌だ
・金銭的に不自由するのは嫌だ
・遊ぶ時間が確保できないのは嫌だ
・面倒くさい人間関係は嫌だ

自分で読み返しても、大人としてちょっとどうかと思うようなリストですが、本書の目的である「自由度の高い人生」の定義のひとつが**「嫌だと思うことを一切しなくていい」**なのですから、私にとっては大きな意味のあるリストです。

「やりたくないこと」を洗い出し、「それらをやらなくてよい状況をつくる」。

すると自然に、人生の自由度は高まっていきます。

▼結果的に「やるべきこと」がわかる

そして改めてリストをご覧いただくと、「やりたくないこと」はすべて「現実味がある」ことがおわかりいただけるでしょう。

無理矢理ひねり出した「やりたいことリスト」では、「タワーマンションの最上階に住みたい」「高級車に乗りたい」など、ちょっと現実離れしたものを書きがちですが、「やりたくないことリスト」は現実と直結しているため、「やらないためには、どうすればいいか」という対策が立てやすくなります。

「やりたくないことリスト」をつくると、結果的に「今やらなければならないこと」が浮かび上がってきてモチベーションが上がるわけです。

たとえば、

- **金銭的に不自由するのは嫌だ**
- **遊ぶ時間が確保できないのは嫌だ**
- **面倒くさい人間関係は嫌だ**

の3つだけを切り取っても、「自分で起業して、それを当てて、資産を築く以外にない」ことが見えてきます。

より細かく逆算すると、私の場合は、

やりたくないことリストをつくった

←

会社員として決められた通りに働くこと自体が向いていないことに気づく

←

資産をつくる必要があることがわかる

←

生活費を考えると、最低でも月20万円は必要

←

年収換算で最低240万円は必要

←

利回り5％で配当生活をするならば資産6000万円はいる（税金も考慮した場合）

←

10年で達成するなら毎年600万円の貯金が必要

←

会社員で貯めるのは絶対に無理な金額 ← 消去法で「起業するしかない」

と、やるべきことが明確になりました。そして、明確になると人間は案外、行動できるものなのです。

もちろん、全員が全員、起業する必要はありません。「通勤は嫌だけど、毎月同じ仕事でOK」ならば、住む場所を会社の近くにするだけで自由度は高まりますし、「収入が途切れる不安があるのが嫌」ならば、むしろ会社を辞めて起業するべきではありません。やるならば「週末起業」程度に留めたほうが、精神的な自由度は高まるでしょう。

「自分がやりたくないことは何か」を洗い出すと、自分が目指すべき「自由な姿」が見えてきます。

「お金持ち」はなぜ「お金持ち」であり続けるのか

▼お金持ちはさらにお金持ちに、貧乏人はさらに貧乏になる理由

さて、やりたくないことリスト等を活用し、モチベーションの壁を越えてからは、話は格段に早くなります。

なぜなら、私たちが生きているこの世の中は、**「お金持ちはどんどんお金持ちになっていき、貧乏人はどんどん貧乏になっていく」世界だからです。**「人生攻略ロードマップ」を一通りたどっていただいた今、この事実に納得してもらえるのではないでしょうか。ひとたび「お金持ち」になれば、あとは資産が雪だるま式に増えていくばかり

人脈・知識・経験・情報 の仲間がいるから
お金持ちは、どんどんお金持ちになる

世の中はお金持ちはさらにお金持ちに、
貧乏人はさらに貧乏になっていくようになっている

です。

さて、「お金持ち」と「貧乏人」の差。

それは「持っているお金の額」だけではありません。

どちらかといえば、

- **人脈**
- **知識**
- **経験**
- **情報**

といった無形資産の要素の差もかなり大きいと私は考えています。

▼自分の「希少価値」を高めると情報が集まる

私自身、ようやくここ数年で、資産額が「億超え」は当たり前の資産家たちとお付き合いさせていただくようになりました。彼らと話すたびに、「人脈」「知識」「経験」「情報」の豊富さに圧倒されることばかりです。

おそらく彼らは、急に一文無しになったとしても、即、復活することができるでしょう。それだけの「人脈」「知識」「経験」「情報」を持っています。

たとえば、

・ある国の不動産価格がこれから上がりそう
・ある制度を使えば、税制優遇が適用されるからお得
・ある場所では、特殊なスキルを持った人材が増えてきている。その仲介サービス会社をつくれば売却できる

といった情報が、まるで呼吸をするかのように次々と出てきます。すべて、大きなお金に変わりそうな、貴重な情報です。

しかし、そういった情報は普通、一般の人には入手できません。

それなのに、私が資産家の方々から貴重な情報を教えてもらえるようになったのはなぜか。

それは決して、私が「お金持ち」になったからではなく、私が「スキル」を持ち、それを積極的に「発信」していたからです。

先日、ある人から、商品販売をする際のホームページの作成を依頼されました。

派遣会社を経営している人です。ただ、Ｗｅｂマーケティングやホームページ作成にはあまり詳しくないようで、私に連絡をくれたのでした。

私にとっては正直、なんてことのない仕事ですが、とても感謝していただき、ご飯や温泉にまで連れていっていただきました。

彼は旅行が趣味で、海外不動産や海外ビジネスの話にもかなり詳しい様子でした。

温泉に浸かりながら、私はプログラミングやマーケティングの話を、彼は派遣業界や海外ビジネスの話をし、のんびりとした時間を過ごしました。

私にとっては「日常」であるプログラミングの話が、彼にとっては有益な価値提供となり、一方で彼にとって「日常」である海外不動産や海外ビジネスの話が、私にとって有益な情報となる。このような「情報の交換」は、ビジネスのありとあらゆる場で行われています。

つまり価値のある情報を得るには、自分もまた、価値のある情報を持っていないといけないわけです。

私は、スキルを高め、経験を積んだことで、資産家たちにも「情報を交換する価値のある人間だ」と認めてもらったのでした。

▼「お金持ちループ」に入ろう

私は「お金持ちの人が、よりお金持ちになっていく現象」を「お金持ちループ」と呼んでいます。

「お金持ちループ」は、次の9つの流れで成り立っています。

①勉強してスキルを身につける
②スキルを活かして結果を出す
③発信をして、その業界で目立つ
④他業界の人から声をかけられる
⑤情報交換をする
⑥新たな情報により視野が広がる
⑦相乗効果で大きな結果が出る
⑧さらに目立つ
⑨さらにいろいろな人から声をかけられる
⑤〜⑨を繰り返しながら情報と人脈を増やしていく

こうして「人脈」「知識」「経験」「情報」を無限大に増やし続けているからこそ、お金持ちはお金持ちであり続けるのです。

「お金持ちループ」に入るために大事なのは、とにかく「勉強してスキルを身につける」こと。今日から少しでも、スキルを高めるための行動をとってみてください。確実に人生は変わります。

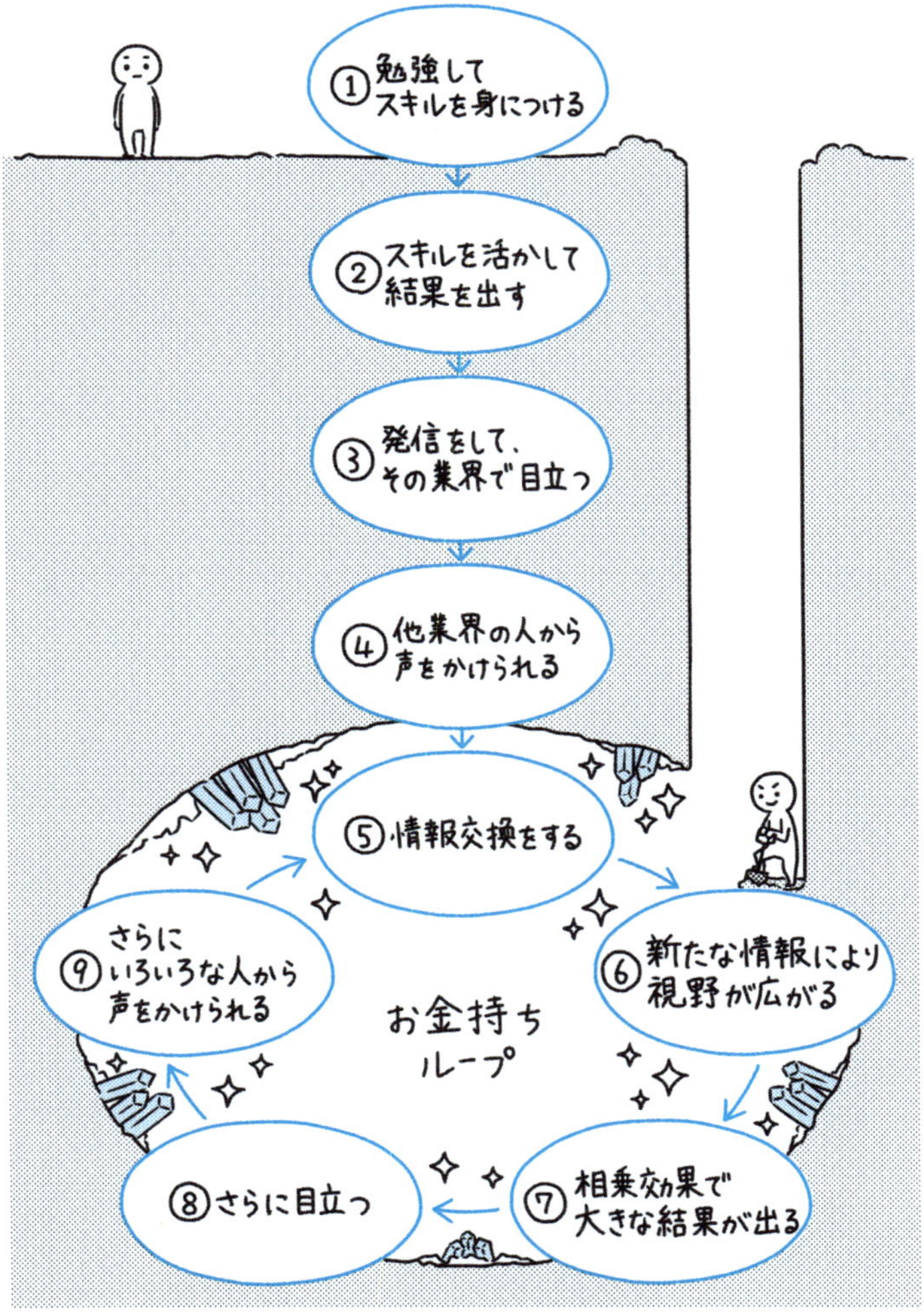
①勉強して
スキルを身につける
②スキルを活かして
結果を出す
③発信をして、
その業界で目立つ
④他業界の人から
声をかけられる
⑤情報交換をする
⑥新たな情報により
視野が広がる
⑦相乗効果で
大きな結果が出る
⑧さらに目立つ
⑨さらに
いろいろな人から
声をかけられる
お金持ち
ループ

「お金持ちループ」の流れ

おわりに

本書のタイトルにもなっている「人生攻略」には、金銭的のみならず、時間的、精神的、身体的自由も含めた、ありとあらゆる自由度を最大化しようという意味が込められています。

私は、本書の中で「やりたくないことリスト」をつくることを推奨するくらいに、「嫌なことをやらないようにするには、どうすればよいか」を考え続けている人間です。

- 将来働きたくないから、労働が資産化するようにブログを書き始めた
- 不安定なのは嫌だから、プログラミングスキルを身につけて安定させた
- スーツや満員電車が嫌だから、なるべく家で完結する職種で起業した

・事業が存続しないとまた働くことになってしまうから、事業を分散させた

これらの積み重ねとして、今があります。

そして、この生き方が結果として、「物事を効率的に進める力」を研ぎ澄ますことにつながっていると自負しています。

私は、我慢というものの多くは「思考停止」だと考えています。

たとえば、「手取り収入が低い」ことを我慢している人がいたとしましょう。

少し頭をひねれば、「手に職をつけて転職する」「副業を始める」といった解決策が出てきます。

「手取りは少ないけれど、我慢が大事。だから今のまま我慢する」。これは単なる思考停止にすぎません。

大半の我慢は、しっかり考え、行動すれば解決できるものなのです。

嫌なことを我慢する必要はありません。

嫌なことを解消するためにはどうすればよいか、どんどん考え、行動しましょう。

自由な人生を手に入れる方法に関しては、本書で丁寧にたっぷり紹介したつもりです。

また、私が経営する株式会社スキルハックスでは、「スキルをつけて　人生の自由度を上げる」を経営理念に、プログラミングや動画編集やデザイン、アニメーション制作などを学べるオンラインスクール事業を展開しています。オンラインスクールの受講生は累計1万人を超えました。

もしよろしければ、チェックしていただけたら嬉しいです。

本書を通じて、皆さんに出会えたことは、私にとって奇跡です。

でも、「人生を攻略する」ステップをお伝えする旅も、そろそろ終わりを迎えようとしています。

あとは、実践するのみ。実践の場では、思うようにいかないこともあるかもしれません。実践する勇気が出ないこともあるかもしれません。また、どのように実践すべきかがわからなくなる時だってあるかもしれません。

しかし、この本を読んでくれたあなたには、そんなことで時間を無駄にしてほしくはありません。そのため、この本をここまで読み進めてくれたあなたの力になるべく、ＬＩＮＥ公式アカウントにて相談できる環境を準備しました。

ＬＩＮＥ公式アカウントでは、時々コラムを流したり、書籍購入者限定のお得な情報をお伝えしますので、ぜひチェックして下さいね。

今後もあなたの人生がより豊かになるためのホットな話題をお届けします。ピンときた人はお早めに。

私たちの人生が変わる時というのは、本当に小さなことがきっかけだったりするもの。もしかしたら、あなたがこの本に出会ったのは偶然かもしれません。しかし、私はこの偶然の出会いこそが、あなたの未来を大きく変える必然の出会いになることを確信しています。

そして、これからもあなたの人生を応援しています。

２０２０年７月

迫佑樹

・執筆協力／前田浩弥

・カバー・本文デザイン／菊池祐

・イラスト／タソ

・フォトグラファー／山根朋子

・スタイリスト／土田拓郎

・ヘアメイク／川島享子

・DTP／エヴリ・シンク

・校正／あかえんぴつ

・撮影協力／ADDress

・編集／尾小山友香

迫 佑樹 （さこ　ゆうき）
株式会社スキルハックス代表取締役。
1996年生まれ、立命館大学中退。

大学時代にフリーランスエンジニアとして案件をこなしながら、ブログで情報発信を開始。そこから事業に専念するために大学を中退し、教育事業を展開。
今ではプログラミングや動画編集等を学べるオンラインスクールの受講生はのべ1万人を超える。さらなる事業拡大として、WebサービスのBrainの運営や、美容室・タピオカ屋をはじめとする実店舗経営、メディアの制作および運営事業を展開する。自身の経験から、スキルアップに関するノウハウや、ビジネスマン向けの情報をSNSやYouTubeで発信しており、Twitterのフォロワーは8万人を超える。
スキルをもち、自由度の高い個人プレイヤーを生み出すべく、日々発信や教育事業を続けている。

人《じん》生《せい》攻略《こうりゃく》ロードマップ
「個《こ》」で自由《じゆう》を手《て》に入《い》れる「10」の独《どく》学《がく》戦略《せんりゃく》

2020年7月31日　初版発行

著者／迫《さこ》 佑樹《ゆうき》

発行者／青柳 昌行

発行／株式会社KADOKAWA
〒102-8177　東京都千代田区富士見2-13-3
電話　0570-002-301（ナビダイヤル）

印刷所／株式会社暁印刷

●お問い合わせ
https://www.kadokawa.co.jp/（「お問い合わせ」へお進みください）
※内容によっては、お答えできない場合があります。
※サポートは日本国内のみとさせていただきます。
※Japanese text only

定価はカバーに表示してあります。

ISBN 978-4-04-604860-8　C0030

今すぐ手に入る！

『人生攻略ロードマップ』

読者限定特別プレゼント

迫佑樹『人生攻略ロードマップ10ステップ』
スペシャル音声＆実践シート！

２０代で４社を経営、年商１０億円稼ぐ迫佑樹が人生の自由度を上げるために考案した【人生攻略ロードマップ】の１０ステップを解説した『１０ステップオーディオブック』と、『人生攻略アクションシート』をご登録された方全員にプレゼントします。

プレゼントはこちらからアクセスしてください。

URL はこちらです。

https://kdq.jp/KBS2020g02

※プレゼント動画はオンラインでご提供します。インターネットがつながる環境でご覧ください。
公開期限が限られていますのであらかじめご了承ください。
申込締切は2022年12月末まで（ただし予告なくサービスが終了することがあります。2020年7月20日現在）。